勝海舟の罠

氷川清話の呪縛、西郷会談の真実

水野靖夫

毎日ワンズ

はじめに

三十歳代の前半、およそ四十年前、仕事でニューヨークに赴任中、大学時代の親友から『氷川清話』が送られてきた。そのときはあまり興味もなく、通読した記憶もない。またなぜ送られてきたかも覚えていない。

その後、手に取ることもなく、かといって無用の長物となった『資本論』などと共に廃棄されることもなく、翻訳本が有罪となり入手できなかったため原書で読んだD・H・Lawrenceの『Lady Chatterley's Lover』などと共に段ボールに詰め込まれて物置の奥に仕舞い込まれることもなく、なぜか本箱の片隅で眠り続けていた。今では経年ヤケですっかり茶色になっている。角川書店の文庫本で、奥付を見ると、一九七二年初版とあり、筆者がニューヨークに赴任する前年である。送られてきたのは翌七三年の十四版である。一年で十四版とは相当売れたのであろう。その翌年七四年、NHK大河ドラマで「勝海舟」が放映された。もちろん筆者はニューヨークにおり、視ていない。

最近その友人に聞いたのだが、自分が買って読んだあとで、海外の級友たちに適当に送ったそうだ。当時は海外で日本語の本を入手するのはなかなか難しかったので、たぶん日本語の活字に飢えているだろうと思ったそうである。したがって、『氷川清話』が筆者に送られてきたのは全くの偶然であった。

その曰《いわ》く付きの『氷川清話』は、永い眠りから急に揺り起こされ、傍線、マーカー、書き込みで大分飾り立てられ、透明のビニールカバーを着せられ、今は本棚のど真ん中に鎮座している。『氷川清話』が急に引っ張り出されたきっかけは、平成二十七年（二〇一五）の十一月、十二月に立て続けに「江戸無血開城」の番組がテレビで放映されたからである。それは私が理解している「無血開城」とはあまりにもかけ離れた内容であった。実は南條範夫氏の『山岡鉄舟』（文春文庫）を読んで鉄舟に関心を持ち、十年前から史料を集め、「無血開城」については自分なりの理解をしていたつもりであった。自分の理解と、テレビ番組といずれが真実なのか、「無血開城」の真の姿を自分なりに究明したくなった。鉄舟のファンであるという主観を交えず、純粋に史料に基づき、何が真実で何が俗説であるかを知りたくなった。そのために、史料を求めて国会図書館はもちろん、横浜開港資料館まで出かけ、幕末の手書きの英国公文書を調べ、翻訳本の原書を取り寄せ、徹底的に史料にこだわった。

するといろいろなことが見えてきた。

『氷川清話』は勝海舟の自慢話や放談で、内容はかなり信用できないということ。学者始め多くの識者がこの『氷川清話』に影響を受け、かなり俗説に染まっていること。まして小説や漫画、さらにテレビなどはもうほとんどメチャクチャであること。そして教科書までもがその延長線上にあることが分かってきた。またそうした俗説というのはいったん流布・定着すると、容易には変わらないことも分かった。

そこで、数カ月考察してその結果を研究会などで発表したところ、ある雑誌にも載せていただいたりした。さらに究明を進め、『英国公文書などで読み解く江戸無血開城の新事実』という小冊子にまとめ、国会図書館、東京大学史料編纂所、東京大学図書館始め全国の関連大学図書館や研究機関に納本をお願いした。さらにNHK大河ドラマ「西郷どん」の著者、脚本家、時代考証の先生方、それに著名な歴史の先生方に謹呈したところ、反響をいただき、新聞に取り上げられたりした。それらがご縁で今般、毎日ワンズから出版していただくことになったのである。

本書は『氷川清話』を分析したもので、もちろん全てが「江戸無血開城」ではない。本書と共に、拙稿『英国公文書などで読み解く江戸無血開城の新事実』を併せてお読みいただければ幸いである。

なお本書は、従来の歴史観に対する新たな歴史観というものではない。解釈の違いでもなければ、立場の違いでもない。したがって述べている内容にはすでに知られている事実も多い。本書の目的は、「通説」に対する「史料による検証」である。『氷川清話』を軸に検証した結果、「江戸無血開城」および「勝海舟」に関する「通説」が、実はかなり「俗説」であることが判明した、ということである。ちなみに「俗説」とは「世間に広く行なわれてはいるが、学問的には必ずしも信頼できない説」で、「通説」とは「世間で普通に認められている説」である。

〈おれはいつもつらつら思うのだ。およそ世の中に歴史というものほどむずかしいことはない。（中略）しかるところ、この肝心の歴史が容易に信用せられないとは、実に困った次第ではないか。見なさい。幕府が倒れてからわずかに三十年しか経たないのに、この幕末の歴史をすら完全に伝えるものが一人もないではないか。それは当時の有りさまを目撃した古老もまだ生きているだろう。しかしながら、そういう先生は、たいてい当時にあってでさえ、局面の内外表裏が理解できなかった連中だ。それがどうして三十年の後からそのころの事情を書き伝えることができようか。いわんやこれが今から十年も二十年もたって、その古老までが死んでしまった日には、どんな誤りを後世に伝えるかもしれない。歴史というものは、実にむずかしいものさ〉

これは『氷川清話』（角川文庫）の中の「歴史とは何か」というタイトルの冒頭の引用である。正《まさ》に勝海舟のいうとおりで、歴史に対する慧眼《けいがん》である。確かに言行が一致していれば素晴らしいのであるが、勝にはこれと真逆の言動が極めて多い。勝の言葉を借り「実に困った次第ではないか」といいたい。

著名な人物が書いた歴史は多くの人が信用して読む。勝は多くの書き物を残し、しばしば引用される。その中で『氷川清話』は最も多くの人に読まれるロングセラーなのだが、多くのホラ話が含まれている。

『氷川清話』は明治三十年（一八九七）ごろ、勝が亡くなる二年ほど前、七十五歳のときに刊行された。このころには、維新のことを知る人々はほとんど他界してしまって、勝はホラの吹き放題であった。「その古老までが死んでしまった日には、どんな誤りを後世に伝えるかもしれない」と勝はいうが、自ら誤りを後世に伝えているのである。自分で誤りを後世に伝えていてはどうしようもない。

例えば、吉田松陰はなぜ斬首されたのか？

アメリカに密航しようとしたから……ではない。吉田松陰の名は誰でも知っているが、その処刑の理由は案外知られていない。ペリーが来航したとき密航しようとして捕らえられたことはよく知られている。松下村塾を主宰し、幕末・維新の際に多くの志士を世に送り出したことも知られている。ところがなぜ処刑されたのかは意外と知られていない。密航しようとしたから、と思っている人がかなり多い。密航未遂で逮捕されはしたが、それは許され出獄している。

それではなぜ処刑されたのか？

実は安政の大獄に際し、老中間部詮勝《まなべあきかつ》暗殺の嫌疑で処刑されたのである。

本書のテーマは吉田松陰ではないのでこれ以上触れないが、このように歴史の真実は意外と知られておらず、また誤解されていることが多い。

本書で取り上げる『氷川清話』のハイライトは「江戸無血開城」である。勝海舟はこれを自分が成し遂げたように語っているが、これが彼の最大のホラ話である。その詳しい考察は第三章で行なう。

明治維新は一種の革命であり、内戦でもあった。世界史的に見ると、革命・内戦においては多くの流血が見られるが、明治維新は比較的少ない犠牲で済んだ。革命・内戦の犠牲者数は諸説があるが、フランス革命では六十〜八十万人といわれ、アメリカの南北戦争では戦死者は六十万人を超える。戊辰戦争の犠牲者は一万人前後であり、フランス革命や南北戦争とはケタが違う。

日本の犠牲者数が少なかった原因は「江戸無血開城」にある。もし江戸で新政府軍と旧幕府軍とが戦争を起こしていたら、犠牲者は相当数に上り、一万人程度では済まなかった可能性が大である。それほど重要な歴史的出来事の真実が、知られていない、もしくはホラ話に基づいて語られているとしたら、これは由々しきことである。

『氷川清話』の「まえがき」に出版の経緯が簡単に記載されているので、それを引用する。

「一、『氷川清話』は勝海舟晩年の語録である。明治三十年、三十一年のころ、東京赤坂氷川町、氷川神社の傍《かたわら》の勝邸において、勝海舟の弟子とかファンともいうべき人々が、何回か回を重ねて、翁の回顧談をひきだし、それを速記せしめたものであろう。これを一本にして、『氷川清話』

として刊行したのが明治三十一年十月と推定される。編者は吉本襄《のぼる》である。

二、当時は海舟翁の談話筆記が読者に喜ばれたらしく、国民新聞には人見一太郎、阿部充家《みついえ》の聞き書き、東京朝日には池辺三山が、東京毎日には島田三郎が、それぞれ聞き書きを掲載した。また巌本善治《いわもとよしはる》も『海舟余波』をまとめた」

なお、ここに記載されている『海舟余波』はのちに『海舟座談』として、これもよく読まれ、本書でも必要に応じて引用させていただく。

念のため断っておくが、この手の話は、全てがウソという訳ではない。ただし自己の業績については針小棒大に語る傾向があるので、これは疑って、もしくは割り引いて読む必要がある。同様に敵やライバルについては悪くいう可能性があるので、これも同様に注意して読むべきである。もし自分について批判的に述べていたり、敵やライバルを称賛していたりすれば、これは真実に近いと見做《みな》すことができる。

勝海舟研究の大家である松浦玲《れい》氏は『勝海舟——維新前夜の群像3』（中公新書）の「まえがき」で、勝海舟に関連する著述について以下のように語っている。もちろんそれには『氷川清話』も含まれ、その性格を最もよく表わしていると思われるので、これを引用させていただく。

「勝海舟に関する著述は明治以来数多い。しかし、そのほとんどは、直接間接に海舟の影響下にいたひとたちによる海舟の頌徳《しょうとく》碑であるか、または薩長藩閥史観に対抗するに旧幕府史観でもってしたという片寄りをもっている。したがって、そこには、明らかにすべき歴史の総体についての公正な見地がなく、その歴史の中で生きている海舟の人物やその役割も十全な形では浮かびあがってこない。同時にこれらの著作は史料批判についてはなはだしく厳密性を欠き、海舟の晩年の談話への無限の信頼に依拠し、客観的な史実よりも海舟の放談の方を優先させ、しばしば、彼の談話相互間にある明瞭な事実の矛盾さえも見過されているのである」

頌徳とは徳を称《たた》えるという意味である。松浦氏は直接『氷川清話』や『海舟座談』に言及してはいないが、「晩年の談話」「放談」といった表現がこれらを指していることは明白である。さらに松浦氏は、歴史的課題に正面から取り組んでいる勝と、適当にホラを交えながらしゃべっている勝とはどうしても一致しないといっている。

「海舟の談話について、私はかねてから個々の事実だけでなく、その全体としての信憑性についてかなり深刻な疑惑をもっていた。海舟の晩年になって多くのひとが書き留めた彼の放談は、それをしゃべったときの、一種の不平分子であった海舟の気分を正確に表わしているという意味で貴重な史料には違いない。しかし、その放談で述べられている過去の事柄が、その実際に起こったときの状況を正確に表わしているかどうかという点では、私は否定的である。（中略）このようなわけで、私はあるところでは思い切って海舟の談話を拒否しながら、私のイメージにある明治維新像と、その中で悪戦苦闘しているはずの勝海舟像との一致点を求めてみた」

これは勝海舟批判者の言葉ではない。勝海舟研究の第一人者の言葉である。

しかし、その松浦氏にして、「会談の光景は、海舟が書いているところに従おう」といって、「江戸会談」については、西郷・勝が登場する『氷川清話』を引用している。そこには、もう一人の山岡鉄舟の名は全く出てこない。読者は、この程度のことなら、西郷・勝会談は事実なのだから、少しくらい引用しても構わないではないか、と思われるかも知れないが、そうはいかないのだ。

例えば、ＡＢ二人が野球の試合の思い出話をしていたとする。ＡはＢの素晴らしいファインプレーを褒め、ＢはＡのナイスバントを称賛していた。これを聞いていた第三者は、この二人の働きにより試合に勝ったと思うであろう。しかし実は、この会話に参加していなかったＣが、土壇場でホームランを打って、ほとんど負けていた試合をひっくり返して勝利したのだ。ＡＢ二人の言葉は全て「事実」ではあるが、Ｃの働きを語らないことによって、この勝利の最大の功労者がＣであるという「真実」は見えてこないのである。「事実」と「真実」とは異なるのである。テレビ報道などでは、このような例は枚挙に遑《いとま》がない。『氷川清話』のこの「会談の光景」はたとえ「事実」ではあったとしても、鉄舟が書かれていないことによって「真実」ではなくなってしまうのである。

これから『氷川清話』をじっくり読みながら、勝海舟という人物の実像と虚像を究明するが、前もって以下のことをお断りしておく。

【本書で使用する略称】

・「無血開城」……江戸無血開城（慶応四年三月〜四月）。
・「駿府談判」……山岡鉄舟と西郷隆盛の駿府における談判（同年三月九日）。
・「江戸会談」……西郷隆盛と勝海舟の江戸薩摩屋敷における会談（同年三月十三、十四日）。
・「京都朝議」……京都における降伏条件最終決裁のための朝廷の会議（同年三月二十日）。
・『サトウ回想録』……『一外交官の見た明治維新』（アーネスト・サトウ著、岩波文庫）。
・『談判筆記』……『慶應戊辰三月駿府大總督府に於て西郷隆盛氏と談判筆記』。
・『新明解』……『新明解国語辞典』（三省堂）。

【主な引用図書】

・『氷川清話』（角川文庫、一九七三年十四版）……本書の勝海舟の談話は原則『氷川清話』よりとし、引用図書名は記載しない。
・『新訂―海舟座談』（岩波文庫、二〇〇九年四十四刷）……『氷川清話』と並ぶ勝の談話。引用の際には図書名を明記する。岩波文庫以外の『海舟座談』を引用する場合はその旨を明記する。
・『海舟日記』（講談社、勝海舟全集1・幕末日記）……『海舟日記』には二種類ある。「慶応四戊辰日記」と「幕末日記」であるが本書では前者を引用する。
・『おれの師匠』（小倉鉄樹著、島津書房）……山岡鉄舟の直弟子小倉鉄樹の鉄舟談を牛山栄治が昭和十二年に筆録したもの。

なお、その他の引用文献については文中、もしくは巻末に出典を表記した。また引用文における註記には編註として「＊」を付した。

平成三十年二月

水野靖夫

勝海舟の罠——氷川清話の呪縛、西郷会談の真実【目次】

第一章　勝海舟、海へ

「海舟」という号

『氷川清話』の冒頭に次のように書かれている。

〈おれが海舟という号をつけたのは、佐久間象山《しょうざん》の書いた『海舟書屋』という額がよくできていたから、それで思いついたのだ。しかし、海舟とは、もと、だれの号だか知らないのだ〉

勝は「海舟」というのは、自分が考えたのではなく、以前誰かが使っていた号であると述べている。自分の使う号まで他人のものを拝借したという話を冒頭で語っているのは、正に『氷川清話』にはそうした他人の功績を横取りした話が満載されていることを自ら認めているようで象徴的な話ではないか。冒頭にこの話が記載されているのは単なる偶然であろうか。

のっけから横道に逸れるが、筆者も大分以前に雅号を作った。「幕末の三舟」といえば、海舟・鉄舟・泥舟である。これに倣《なら》って「笹舟」とした。「ささシュウ」である。

この雅号を使った理由は、単に笹の葉のように流れに身を任せて生きる、という程度の意味。多少恰好を付ければ「行雲《こううん》流水」か。これを一度だけペンネームとして使ったことがある。漢字能力検定協会が出版した『漢検学べる変換ミス』に投稿したときである。その変換ミスは「元寇」について書いているとき「暴風雨に遭い退却」と打ったところ「暴風雨に会いたい客」と変換されたのだ。次はそのときの拙文である。

「歴史の勉強をしていて、元寇のメモをしていたときに起こりました。『暴風雨に会いたい客』

といえば、『フビライ様ご一行』しか考えられませんよね。朝青龍や白鵬などモンゴル勢の活躍を見るにつけ、日本人力士の不甲斐なさが目立ちます。毎場所、大関陣のカド番やら大関復帰が話題になるようではどうしようもありません。若手の日本人力士の台頭を切望します。四股名《しこな》は『神風』か『時宗』なんてのはどうでしょう」

出版は平成十八年（二〇〇六）であるから、十年も経ってやっと日本人横綱、稀勢の里が誕生した。

ついでに筆者の変換ミスの傑作を披露する。面白い変換ミスというのは、作ろうとして作れるものではない。本来の表現とはかけ離れた思いもかけない変換だから面白いのである。

（変換ミス）	（本来の正しい表現）	（コメント）
起きた掃除	沖田総司	眠いのに面倒だなア
タイ米は炊いて買いました	大枚叩いて買いました	大漢和辞典ン万円
凝られた肩を歓迎	来られた方を歓迎	リフレクソロジー？
東区に飲み屋	東久邇宮	宮様も一杯やりたい？
紹介赤軍派	蒋介石軍は	蒋介石も共産党？
絞殺死体	考察したい	ドキッ！
日本支障辞典	日本史小辞典	大辞典でなくても支障ない

各試験鬼の詰め　　　隠し剣鬼の爪　　　藤沢周平先生、予備校教師？
ウラン固め　　　　売らんが為　　　　できれば柔らかめで…

少々脱線してしまった。あまり本筋から外れるな、とお叱りを受けそうであるが、まんざら全く逸《そ》れた訳ではない。この『漢検学べる変換ミス』の表紙には大きく「西郷どん」と書いてある（読みは「せごどん」ではなく「さいごうどん」である）。この作者は「西郷どん」と打ったつもりが「最後うどん」と変換されてしまったという。

渋田利右衛門

〈これは維新前に書いたおれの日記帳だが、このけい紙に渋田蔵書という書が入っとるのを見なさい。これはおれのたいせつな記念物で、話せば長いが、今もいうとおり、若い時分におれは非常に貧乏で、書物を買う金がなかったから、日本橋と江戸橋との間で、ちょうど今、三菱の倉《くら》がある所へ、嘉七という男が小さい書物商を開いていたので、そこへおれはたびたび行って、店先に立ちながら、並べてあるいろいろの書物を読むことにしておった。すると向こうでもおれが貧乏で書物が買えないのだということを察して、いろいろ親切にいってくれた。
ところがそのころ、北海道の商人で渋田利右衛門という男もたびたびこの店へ来ており、嘉七からおれの話を聞いて、「それは感心なお方だ。自分も書物をたいへん好きだが、ともかくも一度会ってみよう」というので、つい嘉七の店で出合った。ところが渋田のいうには、「同じ好みの道だから、この後ご交際を願いたい。私もお屋敷へうかがいますから、あなたも何とぞ私の旅宿へおいでください」といって、無理に引っぱって行った。旅宿というのはもとの永代橋あたりだったが、そこでその日はゆるりと話をした〉

〈二、三日すると渋田は自分でおれの家へやってきた。そのころのおれの貧乏といったら非常なもので、畳といえば破れたのが三枚ばかりしかないし、天井といえばみんな薪《たきぎ》にたいてしまって、板一枚も残っていなかったのだけれども、渋田はべつだん気にもかけずに落ちついて話をして、かれこれするうちに昼になったから、おれはそばをおごったら、それをも快く食って、そしていよいよ帰りがけになって、懐から二百両の金を出して、「これはわずかだが書物でも買ってくれ」といった〉

途中一部省略したが、この話はこのあとまだ続くのである。果たしてこの話は本当だろうか。

「二百両」といえば相当な大金である。このころ書物は今と比べれば高かったであろう。まして蘭書などはなかなか庶民の手が届かないほど高価であったろう。しかしそれにしても、縁もゆかりもない赤の他人に、気に入ったからといってポンと「二百両」も渡すであろうか。「二百両」といえば、現在の価値で、おおよそではあるが二千万円はするであろう。二千万円といえば一万円札の札束で二十センチほどの高さになる。普通なかなか目にすることはない。

事実だろうかと思い、勝部真長《みたけ》氏の『勝海舟』（ＰＨＰ研究所）を見てみるとこの話が載っている。ただ、この『氷川清話』をそのまま全文引用しており、渋田の家が廻船問屋を営み、貸金業もやっており裕福であったので、「二百両」の金も楽に出せた、と書いてある。念のために松浦玲氏の著書を調べてみた。『勝海舟―維新前夜の群像』には、前記引用をもう少し削って載せ、「このような篤志家の助力を得て、海舟の学問はさらに進んだ」と記している。どちらも「二百両」ポンと出したことの検証はなされていない。ところが松浦氏の平成二十二年（二〇一〇）の大著『勝海舟』（筑摩書房）には、狂犬に睾丸を喰われる話は紹介されているが、この渋田利右衛門に金をもらったという話は書かれていない。書かれていないからなかったとはいえないが、近所の寿司屋で特上のにぎりを食べるのは結婚記念日ぐらいの筆者には、信じられない話である。もっともオレオレ詐欺に簡単に引っかかるような方は、常に家に現金二、三千万円は置いているようなので、「二百両」ポンと出した話も違和感はないかも知れないが。

海防意見書

〈長崎へ行く前、渋田と別れるときに渋田は、「万一、私が死んであなたの頼りになる人がなくなっては」といって、二、三人の人を紹介してくれたが、（中略）いま一人は伊勢の竹川竹斎《たけがわちくさい》という医者で、その地方では屈指の金持ちで、蔵書も数万巻あった〉

勝は北海道の渋田利右衛門という商人に見込まれ、書物を買うについて多大な恩恵を受けた。その渋田が竹川竹斎を勝に紹介したのである。

この竹川竹斎と勝との関係について『ＳＡＰＩＯ』（二〇一七年四月号）に、作家の夏池優一氏が書いた「咸臨丸艦長勝海舟―『先見の明』は実はコピペで作られた」という記事が掲載されていた。その要旨は、勝の出世のきっかけとなった『海防意見書』は竹川竹斎が著した『護国論』のコピペ（転写）である、というのである。その内容はいずれも「貿易で国を富ませて国防に充てる」というもので、勝の『海防意見書』はペリーが来航した嘉永六年（一八五三）に書かれたが、竹川の『護国論』はそれより二年も前に書かれており、勝にも献呈されていることが分かっている、と夏池氏は述べているのだ。

ペリーが来航したとき、老中首座の阿部正弘は、大名から庶民に至るまで広く意見を求めたが、このとき勝は『海防意見書』を提出し、これが幕府の大久保一翁《いちおう》の目にとまり、勝が世に出るきっかけとなった。この時期、同様の考えを持っていた進歩的な人はそこそこいたであろうから、必ずしもパクリとはいえない、ともいえる。しかし、竹川竹斎が書いたのはペリー来航以前である。そして勝の意見書も幕府が求めた多くの意見の中で目を引くような内容であったのであるから、ペリー来航前にこうした考えを持ったのは極めて一部の人ではなかったか。勝も竹川と類似の意見を持っていたといえるかも知れないが、勝の性格を考えると十分コピペの可能性がある。夏池氏は「どうも海舟の功績と人物像は、自身による大言壮語の武勇伝で作られたところも大きいかと思われる」と書いている。『氷川清話』を読んでいると、夏池氏のこの言葉が、頷《うなず》けるのである。今後こうした勝の考え・行動は多々述べることになる。

出世の第一歩も他人の意見のパクリであったとすれば、「〝ハッタリ〟でも言う時は言う性格」と断じた夏池氏の見方は図星である。

長崎海軍伝習所

〈とにかく二年でひとまず卒業するはずだったが、おれは都合六年もおって新入生を教授したりなどしたから、かなり技倆を養うことができた。そのころまた長崎のほかに（＊江戸の）築地でも海軍所を建てて、列藩の子弟を教育しておったが、これらがまず日本海軍の基礎となったのさ〉

六年もいたのかと計算してみると、安政二年（一八五五）七月に長崎で伝習を命じられ、安政六年（一八五九）一月に長崎を出て江戸に帰っているので、三年六カ月である。どう計算しても六年にはならない。安政六年は一月五日に長崎を出帆しているからわずか五日だが、足かけでも五年である。ずっと先輩格であって居心地がよほどよかったので、長くいたように感じたのであろうか。

勝は長崎海軍伝習所に一年目からいたが、上司の木村摂津守（喜毅《よしたけ》）は二年目から永井尚志《なおゆき》に代わって総監を務めた。勝は永井や木村にいろいろと意地悪をしている。『海舟座談』で勝自身が語っている。

〈木村（＊摂津守）が奉行の時、「航海のけいこが、そう短かくて、直《じき》に帰って来るようでは、宜しくない、もっと遠くまで行ったらドウダ」というから、「ソウですか、それではそう致しましょう」と言って、木村を乗せて、今日は遠くまで行くのだと言って、非道《ひど》い目に合せてやった。風が立って、波が荒いものだから、木村がココはどこだ。もう帰ってはと言うから、どウしてどウして、ここはまだ天草から五、六里です、これからズット向うまで行くのですと言うたら、モウヨイモウヨイと言って、たいそうへどをついたよ。

○○○○（＊永井尚志？）が奉行の時もソウサ。八釜《やかま》しく言うから、甲板の上に床几《しょうぎ》を置いて、それに腰かけさせて置いたら、イヤ引っくり返って。頭から血を出すやら、大さわぎサ〉

勝には、身分差の僻《ひが》みかも知れないが、このように上の者を困らせて喜ぶようなところがある。しかし永井は勝のアメリカ渡航に尽力し、木村も協力したのである。この身分差について『罪なくして斬らる――小栗上野介』（大島昌宏著、学陽書房）に、勝が小栗上野介《こうずけのすけ》に対して自虐的に「育ちが悪ければ、考えもひねくれてこようというものでの」といった、と書いてある。小説とはいえ、見事に勝の気持ちを表現している。

もう一つ、『海舟座談』の話を紹介する。

〈奉行が、書生の取締を八釜しくしていけない。木村などは、門に錠をかけるのサ。それで、皆が困って、夜になると、塀を越して行く。（中略）木村に、そう言ったのだ。技術が出来れば、ソレで善《よ》う御座います。学が出来るか出来ないで、お責めなさい。ソンナ、小節でかれこれ言うべきものではありません、とひどくいじめてやった。（中略）しかし、己《おれ》は女郎買いはしなかった。それで治まって行ったのだ。教師などは、士官をつれて、バッテーラ（＊短艇）で丸山（＊遊郭）へゆくのだもの〉

書生たちは夜には抜け出して遊郭などへ行くのだが、木村はそれを厳しく取り締まった。それに対し勝は、まあしっかり学んでいるならいいではないかといったのである。それはいいのだが、「己は女郎買いはしなかった」といっているのがズルイところである。勝はちゃっかり梶玖磨《くま》という愛人を囲っていたのである。そして子まで成している。長崎伝習所は通常一年で終わるのであるが、指導を請《う》け負っているオランダ側から新旧の連絡係として一名残してくれという要望があった。皆早く江戸に帰りたくて仕方ないのだが、勝は喜んで残留役を引き受けた。しかもその後も居続けた。三年半しかいなかったのに六年もいたと感じたのは、この愛人がいたからかも知れない、と思うのは勘ぐり過ぎであろうか。やっと安政六年（一八五九）にして、遣米使節の話を聞き、これに加わることを希望し江戸に帰ったのである。愛人玖磨を残して……。

しかし勝は明治六年（一八七三）、長崎出張時に梶玖磨に産ませた梅太郎に会っている。そのとき玖磨はすでにこの世にはなかった。その後、梶親子を世話した長崎の豪商が、梅太郎始めその祖母や妹を江戸に連れて来た。梅太郎を引き取り、ちゃんと責任を取る勝は偉いといいたい。だが、勝邸には正妻のお民はもとより妾《めかけ》のお糸もお兼も同居しており、招かれざる客の出現に大騒ぎになったそうである。

咸臨丸

〈さて、おれが咸臨丸に乗って、いよいよ江戸を出帆しようという場合になると、幕府ではなかなかやかましい議論があって、容易に承知しない。そこでおれも「勝麟太郎が、自ら教育した門生を率いてアメリカへ行くのは、日本海軍の名誉である」と主張して、とうとう万延元年の正月に、江戸を出帆することになったのだ〉

当初、勝は咸臨丸の派遣について知らなかったが、長崎でそれを知り、外国奉行の水野忠徳と永井尚志に再三手紙を出し、同行を志願した。その甲斐あって乗船を許されたのである。前述のとおり木村も長崎海軍伝習所の総監を務めており、そこで勝をよく知っていた。「容易に承知しない」どころか、皆賛同してくれたのである。勝よりもむしろジョン万次郎の方が難航した。木村は、英語が堪能で航海の経験豊富な万次郎を同行したいと考えたが、なかなか許可されなかった。しかしこれも木村の説得で最終的に認可されたのである。

〈安政六年になって、幕府で近日外国へ使節を派遣するという議が決したので、おれは少し考

えがあって、だんぜん江戸へ帰ることを願い出た。すぐ聞き届けられたから、正月五日に朝陽艦に乗っていよいよ長崎を出発した〉

これを見ても、勝の咸臨丸乗船が反対されていたとは考えられない。勝以外にも長崎海軍伝習所の生徒たちは十二名も乗船している。特に勝を外す理由はないし、指揮官となる木村も歓迎している。

そもそも、ワシントンを訪問して日米修好通商条約を批准した遣米使節団の正使新見《しんみ》正興、副使村垣範正《のりまさ》、目付小栗上野介は、咸臨丸ではなく、米艦ポーハタン号で渡米した。咸臨丸は随伴船で、条約批准の場に同席する機会も与えられず、サンフランシスコで引き返している。元々咸臨丸は「別船」として、ポーハタン号の正使に万が一の支障があった場合に備えた副使を乗せるという名目で、真の目的は、練習航海とアメリカ海軍の実地検分にあった。「副使」は村垣がポーハタン号に乗船しており、咸臨丸の指揮官である木村の「副使」は飽くまで名目であり、万が一の場合の控えであった。木村を「副使」というかについては異論があるが、本書で大事なのは「咸臨丸」「木村摂津守」の役目・位置付けなので、呼称や肩書にはこだわらないでおく。「正」に万が一の場合、その代役を務めるのが「副」、すなわち「スペア」である。例えば「スペアのタイヤ」である。正使新見が万一の場合は、副使村垣→目付小栗→木村であった。面倒なので一応「副使」と呼んでおく。

とはいえ木村の身分は軍艦奉行であり、知行は二千石で、ポーハタン号の副使村垣の五百石よりずっと高かった。もっとも正使新見は二千石で木村と同じで、最も高かったのは小栗の二千五百石である。ちなみに勝は約二百石、木村の十分の一であって比べ物にならない。

いずれにしても咸臨丸のトップすなわち指揮官は、勝ではなく、軍艦奉行である木村摂津守である。勝より身分も禄高も格段に上であった。木村も海軍の素人ではないが、そもそも勝のような船乗りではなく、技量は勝の方が上であった。というより木村は文官で、勝は技官だったのだ。その上、勝より七歳も年下であり、勝は自分の上に若い木村がいること自体が不満で、しょっちゅう周囲に八つ当たりし、木村を困らせていた。

〈万延年間に、おれが咸臨丸に乗って、外国人の手は少しも借らないでアメリカへ行ったのは、日本の軍艦が、外国へ航海した初めだ。咸臨丸は、オランダで製造した船だ〉

「外国人の手は少しも借らないで」というのは大ウソで、咸臨丸には日本人だけでなく、ブルック海軍大尉以下十一名のアメリカ人水兵が乗り組んでいた。勝部真長氏は『勝海舟』に、「ブルック大尉の航海日記は、日本人初の太平洋横断なるものが実は名目的なもので、ブルック以下十一名の米人乗組員の助力なしにはほとんど不可能であったことを証明するものである」と書いている。つまり日本人の力だけで航海したというのは、ホラ話というか自慢話なのである。

〈ちょうどそのころ、おれは熱病をわずらっていたけれども、畳の上で犬死にをするよりは、同じことなら軍艦の中で死ぬるがましだと思ったから、頭痛でうんうんいっているのもかまわず、かねて通知しておいた出帆期日も迫ったから、妻には「ちょっと品川まで船を見に行く」

といい残して、向こう鉢巻ですぐ咸臨丸へ乗り込んだよ。（中略）咸臨丸も幾たびか風雨のために難船しかかったけれども、乗組員いずれもかねて覚悟の上のことではあり、かつは血気盛りのものばかりだったから、さほど心配もしなかった。

おれの病気もまた熱のために吐血したこともたびたびあったけれど、ちっとも気にかけないでおいたら、サンフランシスコへ着くころには、自然に全快してしまった〉

勝の話の中には、ブルック大尉以下アメリカ人将兵のことは全く出てこない。全て日本人の手で風雨を乗り越えたような話である。

ブルック大尉らの乗船の事情についてはあまり知られていないので、少々解説する。永井らは日本人の手で太平洋を渡りたいと思っていたが、木村は無理と考え、米国人士官と水兵を若干名乗せることを進言し幕府の了解を得ていた。その噂を聞いたブルック大尉が日本人の教育訓練を自ら志願したのである。帰国のために便乗したのではない。ところが自分の船が難破したため、便乗したと日本人は思っていた。それは勝がそのように説明したからである。そのため、また日本の海軍の制度・仕組みが未だ整っていなかったため、日本人士官とアメリカ人水夫との間がうまくいかなかった。その上、時季とコースが最悪であり、出帆直後に二十年に一度という大暴風雨に見舞われ、ブルック大尉らの操船によりかろうじて危険を脱することができたのである。

こんな話がある。水の倹約で、飲用以外の水の使用を禁止したが、アメリカの水夫が水を使うので困るとブルック大尉にクレームしたところ、大尉は、「部下が水を使ったら直ぐに銃殺してくれ。これは共同の敵だから」といって、日本人を感動させたそうである。

いずれにしても、日本人の力だけではとても航海は無理であり、木村がアメリカ人将兵を同乗させたことは成功であった。勝のいう「外国人の手は少しも借らないで」というのは誤りである。それどころか勝は航海中、病気でほとんど船室に籠《こも》っていたのだ。出発前から体調を崩し、全快したのはサンフランシスコに到着する直前であったと自ら語っている。甲板に出て、颯爽と咸臨丸を指揮している姿を想像するのは、海舟ファンの惚れた欲目というものである。

〈サンフランシスコへ着くと、日本人が独りで軍艦に乗ってここへ来たのはこれが初めだといって、アメリカの貴紳らもたいそう賞《ほ》めて、船底の掃除や、ペンキの塗りかえなどもすっかり世話してくれたよ〉

「日本人が独りで軍艦に乗ってここへ来たのはこれが初めだ」というのは、「ここ」がサンフランシスコ（もしくはアメリカ合衆国）というのなら正しいが、太平洋を横断してアメリカ大陸に到達したのが初めてというのは正しくない。なぜなら咸臨丸より約二百五十年も早く、慶長十八年（一六一三）に支倉《はせくら》常長がメキシコへ渡っているからである。それに「独りで」というのも正しくない。

〈それからおれたちは、南アメリカへまわって、日本へ帰ろうとしたところが、アメリカの人たちは、「ここまで来《く》ればよいから、そんな無謀なことは止めて、早く日本へ帰れ」といったけれども、船中書生気質《かたぎ》のものばかりだから、そんなことには耳を傾けない。おれたちより先にアメリカへ来ていた日本の使節は、このことを聞いて、おれたちを狂気だといって、だんぜん南米廻航のことを禁じた。

使節から禁止せられては、一言もないものだから、おれたちも鬱勃《うつぼつ》たる雄心をおさえて、すごすご帰国の途についたが、行きがけにどこへも寄港しなかったから、帰りにはハワイに立ち寄って、それから浦賀へ帰った〉

これもウソばかりである。まず「南アメリカへまわって、日本へ帰ろうとした」といっているが、咸臨丸の役目は、飽くまで正使一行を、サンフランシスコから中米まで送ることである(大西洋に出るには汽車でパナマを越えるのが最も速かった)。つまり南米まで行く許可は出帆前から出ていなかった。正使一行が禁じたからではない。しかも咸臨丸は修理のため、パナマまでも行けず、サンフランシスコから引き返しているのである。

もう一点は、「おれたちより先にアメリカへ来ていた日本の使節」は間違いで、ポーハタン号は大暴風雨に遭い、咸臨丸より十二日も遅れてサンフランシスコに着いたのである。

木村摂津守は正使一行と共にワシントンまで行きたかったようだ。正使一行の勘定組頭森田清行が木村を誘ったらしい。森田は禄高こそ少ないが実力者で、実質的な使節の統率者であり、木村に次ぐ副使、スペアでもあったようだ。アメリカ大統領と批准書交換の晴れの式典に参列することは、木村個人にとっても木村家一門にとっても名誉なことであった。しかし役目は正使の無事アメリカ到着を確認することであるから、と意を決して帰国したのである。しかしこれには、木村がワシントンに行ってしまっては、帰国時の咸臨丸のリーダーは、士官たちから疎《うと》んぜられている勝となり、無事な帰国が覚束《おぼつか》ないと考えた、という説もある。

勝部真長氏は『勝海舟』でブルック大尉の日記を紹介している。これによれば、木村も勝もほとんど船室に籠っていて指揮を執っていない。実質的にはブルック大尉らが操船していた。そして勝部氏は次のように書いて木村を切り捨てている。

「その根本には、木村提督が身分にこだわって、能力のある者でも身分の低い者は、それにふさわしい役割につけようとしなかった。封建的な管理方式が障害をなしていた。能力をフルに生かして使えば、日本人だけでもやれたのかもしれない。しかしトップがその気にならなければ、全体は無責任体制になって、やる気を失ってしまうのである。

勝が『どうとも勝手にしろ』といい、『バッテーラをおろせ。俺は一人で帰る』といいだすのも、木村の無能ぶりに対する憤懣なのである。

木村は自室に十万ドルの札束を山ほど積んで、ブルック大尉の功労に感謝する意味で、『好きなだけ持っていってくれ』といったが、大尉は受け取ろうとしなかった。そんな恩恵的、施しのような金銭など、契約社会に生きている人間にとって、取れるすじのものではないからである。そのへんのことが何もわかっていないのが、木村提督のデクノボーたるゆえんである」

これに対し、土居良三氏は『軍艦奉行木村摂津守』（中公新書）で「ブルックの誤認」として以下のように説明している。

「摂津守はこれまで書いたように身分や慣習には、当時の武士としては、こだわらない方であるが、『礼』についてはうるさく、礼砲の数には常に気を使っていた。

ブルックは当直について、能力があっても身分の低いものは、摂津守がやらせない、と書いている。これは従者の名目で乗った佐賀の秀島藤之助《ひでしまふじのすけ》のことと思われるが、彼は佐賀藩から伝習所に入った四十八人の中で最優秀の褒美をもらった俊秀であった。伝習所には始めから終わりまで、足掛け五年いたので、咸臨丸乗組士官の誰にも負けない腕を持っていた。それでも『陪臣《ばいしん》』のため、航海のことには指一本触れさせてもらえなかったのである。

江戸の軍艦操練所には小野友五郎を唯一の例外として陪臣の入所は認められなかったから、咸臨丸の乗組員は当然直参《じきさん》のみであった。したがって秀島の当直入りをブルックが主張し、摂津守が万一認めたとしても、他の士官たちは許さなかったろう。直参と陪臣との壁は幕府ある限り崩れなかった」

読者は果たしてどちらの説を支持されるであろうか。詳しく知りたい方はそれぞれの書をご覧いただきたい。なお咸臨丸の航海を理解する助けとなるよう、乗組員たちについて若干説明をしておくので、それを読んだ上で、改めて前記の二つの木村に対する評価を検討してみて欲しい（カッコ内は渡航時の数え歳年齢）。

○ブルック大尉（三十五）は、航海術、専門的測量術において、米海軍でも最も精通したべテランであった。日本人士官たちが自分たちの手だけで太平洋横断を果たしたいとして、外国人の助力を嫌がったので、単なる同乗ということで受け入れられた。米人の同乗を主張したのは木村であり、ブルックという最高の海軍士官を得たのは幸運であった。ブルックはサンフランシスコで、咸臨丸修理の交渉に立ち会い、それが順調に進行するのを見届けたのちに家族のもとへ帰った。

○小野友五郎（四十四）は笠間藩士である。士官はほとんど幕臣という中で、佐賀藩の秀島藤之助と共に陪臣の身であった。有名な数学の大家で、測量術にも長《た》けており、ブルック大尉も一目置く存在だった。二人の測量に差異があったとき、小野の方が正しく、日本人たちを得意にさせたこともある。だがその逆もあった。二人はこれが縁で一生交流を続けることになる。なお、木村の帰朝報告で小野の活躍が将軍家茂《いえもち》の耳に入り、艦長である勝を差し置いて、陪臣の身でありながら将軍単独謁見の栄を受けるという極めて例外的な出来事があった。小野の名は江戸中に広まり、藩主の喜びは並大抵のものではなかった。のちに小野は幕臣に取り立てられる。

○ジョン万次郎（三十四）は、単に英語が堪能であったばかりではなく、オックスフォードやパーレット・アカデミーで英語・数学・測量・航海術等を学び、しかも首席であった。その上、捕鯨船で副船長を務めたこともあるベテラン。ほとんどの日本人が暴風雨でへばっているとき、彼のみが米人と共に活躍していた。

○勝海舟（三十八）については特に説明の要はないかも知れないが、この遠洋航海中、ほとんど何もせずに「バッテーラを下ろせ」などと八つ当たりする勝は、次第に仲間の士官から疎んじられるようになった。勝が帰朝後海軍から追い出されたのは、木村が勝は海軍に不適と判断したからともいわれているが、諸説ある。

○木村摂津守（三十）は、アメリカ人たちに非常な好感をもって迎えられた。ある新聞に「温厚仁慈の風采を備えた人物で、四十前後と見受けられた」と書かれた。実際は満で三十歳になったばかりだが、一般に日本人は若く見られるのに、木村は老成した感じを与えたようだ。外見だけでなく、外交的センスも抜群であった。ある歓迎会で、日本の皇帝の名をアメリカ大統領より先にして乾杯したとき、木村は、アメリカ大統領の名を先にしてもう一度乾杯していただきたい、といって参列者を感動させた。また、儀式の最中に事故でカニンガム提督が大怪我をしたとき、木村は提督に付き添い、サンフランシスコでの歓迎祝賀会に出席できなかった。咸臨丸からはブルック大尉と勝が出席したが、ブルック大尉が日本人に代わって謝辞を述べたとき、木村がカニンガム提督の負傷を気遣って傍らを離れぬため欠席したと付け加えると、会場から大喝采が起こった。

木村摂津守喜毅

木村は「人」と共に「金」も用意した。士官たちの身分・俸禄は伝習所入所のときのままで、不満があった。しかし「別船」

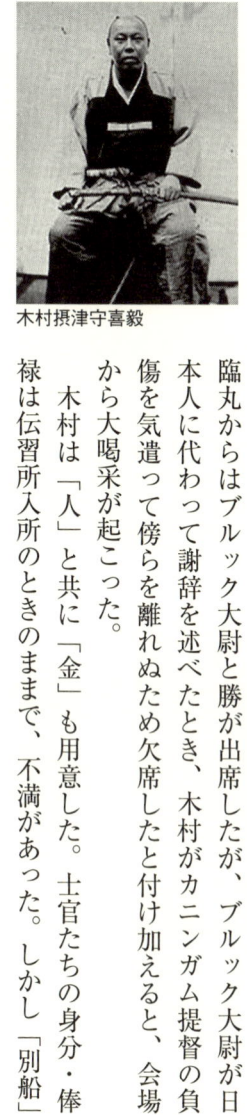

咸臨丸を無用の長物と見る勘定方は巨費の支出を渋った。幕府から支給される公金のほかに、木村は家財を処分して三千両、幕府から借り入れ五百両、計三千五百両を用意した。物価高のアメリカで費用は切り詰めながら、士官や水夫たちに働きに応じ謝礼や褒美を与えている。アメリカでの土産を買う費用も出してやった。もちろん同乗のアメリカ人たちにも謝礼を渡した。帰国後、木村は幕府からの公金のうち、邦貨七五・六％、ドル貨八八・七％を返金している。一方、木村個人が用意した三千五百両は全て使い果たしている。このときのことを木村は「家に帰るの日は余が嚢中《のうちゅう》一丁銀も余さざりし、此行余が苦心は実に外人《ほかびと》思料の及ばざる処なり」と記している。

兵庫海軍練習所

〈そこでおれは、まず「私の汽船に乗って摂海を巡視なされ。その上で見込みを立てられよ」と勧めたところが、姉小路（＊公知《きんとも》）もさっそく承知して、順動丸に乗って一昼夜間、播磨、摂津の海岸を巡視した。

おれはまた、とうてい小さい台場では役に立たないから、むしろ海軍でもって国防の備えをするにしかずといったら、姉小路もいよいよ感服したよ。そこで姉小路は、京都へ帰って朝廷へ説きつけたために、朝廷でおれの意見を容《い》れるようになり、また将軍の方ももちろんおれの意見を採用した。この上は、将軍家も一応実地を巡視しておかなくてはいけないということで、おれが案内して巡視があった。こういう始末で兵庫に海軍が出来ることになったのさ〉

姉小路、将軍家茂を順動丸に乗せて巡視し、勝が直接将軍に訴え兵庫に海軍を作ることになったのは事実であるが、これには二つの問題点がある。

まず、勝が「海軍の規模を拡張」しようとしたことである。これは文久三年（一八六三）のことであろう。しかし、勝はその前年、すなわち文久二年閏八月二十日、木村摂津守が提出した大海軍計画を頭から否定し、潰している。どのツラ下げて「大海軍」創設を建議したのであろうか。

勝の反対理由は『海舟日記』に次のように書いてある。

〈当今乏しきものは人物なり。皇国の人民、貴賤をいわず、有志を選抜するにあらざれば、極めてその人得難《かた》からん。唯幕府の士のみを以て、これに応ぜしめんと欲せば、如何《いかん》ぞ得べけんや。大小侯伯も、共に尽すにあらざれば、盛大得べからず〉

つまり幕臣だけでなく、諸藩からも有能な士を集めて作らなければならない、と主張したのである。これは勝の基本的な考えだ。こうして木村の案を潰しておいて、勝が将軍家茂に兵庫海軍練習所建設を直訴したのはその翌年である。

勝は一体何といって家茂を説得したのであろうか。前年の木村の建議を潰した席には家茂もいたのである。「幕府にはろくな人材がいないから、薩長土肥などの雄藩から優秀な人材を集めて海軍を作りましょう」とでもいったのであろうか。家茂は「左様か、予の家来どもはそんなに無能な輩《やから》ばかりか。致し方ない。攘夷派であろうが討幕派であろうが構わぬ。オール・ジャパンでやれ。そちに任す」とでもいったのだろうか。このときの勝は軍艦奉行並《なみ》である。軍艦奉行は木村摂津守である。この建議を木村は知っていたのであろうか。勝のスタンドプレーではなかったのか。

次に、勝は将軍家茂を「蒸気船に搭じて大坂より播州に至るの海浜を巡視」させたのであるが、この「蒸気船」とは「順動丸」のことである。勝はこれを「私の」といっている。「いいではないか。サラリーマンだって自分の勤めている会社を『うちの会社』というじゃないか」といわれるかも知れない。しかしそうではない。もちろん順動丸は幕府の所有する軍艦であるが、勝はそれを「私物化」しているのだ。

「順動丸」は勝が見聞して買い入れた軍艦なのだ。さらに勝は自分の腹心の荒井郁之助を、先輩を追い越して軍艦頭取に抜擢している。順動丸には咸臨丸からの古参は一人もいなかったのだ。つまり咸臨丸組を無視し、自分の派閥を作ったのである。

勝は一匹狼で、「党派をつくるな、子分をもつな」といっていたはずではなかったか。

〈なんでも人間は子分のない方がいいのだ。見なさい。西郷も子分のために骨を秋風にさらしたではないか〉

〈人を集めて党を作るのは、一つの私《わたくし》ではないかと、おれは早くより疑っているよ〉

勝が海軍に現われて以来、海軍内はギスギスし、木村摂津守も嫌気がさしていた。そしてついに辞表を出し、引き籠ってしまった。その直後、海軍内にストライキが起こったのである。理由は松平備後守（木村の後任含み）が海軍について素人だからというのであるが、それは上辺の理由で、真の理由は勝に対する反発であった。そのことは、辞表を出した頭取たちに宛てた勝の書面に「私怨《しえん》を以て御大切の場合、故障致され候は、何共《なんとも》恐れ入り候次第」と、はっきり書いていることからも分かる。

このようなことからも、勝が咸臨丸仲間から慕われていなかったことが分かる。

第二章　交渉人・勝海舟

勝ネゴシエーター論

〈おれは幕末から明治の初年にかけて、自分は当局者でもなく、またなるべく避けてはいたけれど、始終外交談判などを手伝わせられた。

長州征伐のときにも、あまり出過ぎたために、お上からしかられ、ロシアがきたときにもイギリスと交渉し、列国が下関砲撃をしたときにも長崎で談判を開き、薩長軋轢のときにも中に立ちなどして、長らくの間、天下の安危を一身に引き負うたが、そのうちにはいろいろの人物に接した〉

これは勝が自らネゴシエーターを命ぜられたことを語った一節である。これを年代順に並べ直すと以下のようになる。

文久二年（一八六二）「対馬事件」
元治元年（一八六四）「下関砲撃阻止」
慶応二年（一八六六）「会薩《かいさつ》調停」
慶応二年（一八六六）「宮島会談」
慶応四年（一八六八）「江戸無血開城」

どうも勝はネゴシエーター、トラブル・シューターの才があるのではないか。組織の長として創造的な大仕事をするのではなく、よろずもめごと解決の便利屋に向いているようである。それは頭の回転が速く機転が利き、口八丁手八丁の能弁家であり、ハッタリがうまく、その上フットワークがよく、敵方にさえもネットワークを持っているからである。したがって敵にも味方にも重宝な人間なのである。勝の様々な活躍はいつもこの役回り、すなわち急遽駆り出され、単身で相手と交渉をさせられるケースである。集団のトップとして、大事業を達成した姿は全く見られない。生涯においてそのような仕事は一度もしていないのではないか。知らない人は咸臨丸の艦長として多くの部下を指揮して渡米したと思っているようだが、これはすでに「咸臨丸」のところで述べたように歴史の真実ではない。強《し》いて探せば文久三年十二月、翔鶴丸で将軍家茂のお供をしたときの「軍艦デモンストレーション」くらいではないだろうか。これも勝が大将という訳ではなく、企画し、準備しただけである。詳しくはのちに引用を交えて紹介する。

勝が命じられるのは、決まってややこしい、後ろ向きの案件であるのでやむを得ないが、必ず一度は辞退する。それをたってと頼まれるので、それなら「全権委任」してくれるなら、というのが勝の常套句《じょうとうく》である。当然といえば当然で、いちいち容喙《ようかい》されてはやりにくくて仕方ないであろう。

勝はいずれもうまくいったように語っているが、ほとんど成功していない。詳しくはそれぞれのテーマで述べるが、大体が失敗、空振り、ホラである。徳川慶喜が鳥羽・伏見の戦いの直後に勝を海軍奉行並・陸軍総裁に、さらにその後、軍事取扱に任じたのは、正にこのネゴシエーター、トラブル・シューターとしての交渉役の典型である。慶喜は勝に全軍を指揮して新政府軍と戦うことなど命じてはいない。命じたのは和平交渉である。その証拠に、勝に海軍奉行並・陸軍総裁を命じたのは慶応四年（一八六八）一月十七日であり、それは十五日に主戦論者の小栗上野介を罷免した直後である。もし慶喜に戦う意思があれば、この役は小栗だったはずであり、決して勝ではなかった。もし勝に戦うことを命じたら、勝が引き受けるときの常套句である全権委任を要求し、次のような会話となったであろう。

慶喜「安房《あわ》、そちを陸軍総裁にするから、宜しく頼んだぞ」
海舟「全てをお任せくださいますな。途中で嘴《くちばし》は入れませぬな。もし状況が不利と判断せしときは、損失を少なくするため直ちに白旗を掲げますが、よろしゅうございますな」
慶喜「それはだめだ、徹底して戦い、必ず勝て」
海舟「それではお引き受けできかねます。小栗にでもお命じください」
慶喜「小栗はもう辞めさせてしもうた」
海舟「そんなこたア、オイラの知ったこっちゃネエ」
といって、勝は座を蹴って退出してしまった。

もちろんこれは他愛もない作り話であるが、こうしたことがあり得るということはまんざら考えられないこともない。次の引用は、勝が岩倉具視から鹿児島まで行って西郷を説得してくれと頼まれたときの『海舟座談』に載っている勝の返事である。

〈「どうぞ行ってくれ」と言うから、「行かないこともないが、その代わり、全権です、どんな事をするか、知れませんよ」と言ッた。「どういうことだ」というから、「大久保でも木戸でも、免職させるかも知れぬ」と言ッたから、「それでは困る」というから、「そンな事なら、公卿でもお遣《や》んなさい、私の行くまでもない」と言ッて、やめになった〉

このような勝を、明治・大正の評論家で歴史家の山路愛山は次のように評している。

「其の白眼にして天下を見、薩長の諸豪傑を小児視して之に慢罵を加へてかへりみず。昂然として一世を高歩するの概あるを以て、直ちに手腕あり力量あり経綸ある政治家なりと推測するものに非《あら》ず。余の見るところを以てすれば、彼は到底批評家なり。若《も》しこれを実務に用ふれば好箇の外交家たるべし。慈眼愛腸《じげんあいちょう》（＊御仏のように温かい慈悲の心）、一党の中心となり、時代の先達となり、組織的節制的の事業をなさんには別才を要す」

しょせん「批評家」なり「外交家」に過ぎず、「政治家」として、一軍の将として大業をなす器ではないといい切っている。確かに勝の行動は、常に単身で、組織的活動というのは見たことがない。

わが国初の軍艦行進

それでは『氷川清話』から「軍艦デモンストレーション」を引用する。というのは、勝の自慢話のうちで数少ない真実の事例であり、また得意の絶頂でもあるから、全文引用する。『氷川清話』には「わが国最初の軍艦行進」というタイトルが付けられている。

〈文久三年の十二月に十四代将軍（＊家茂）が上洛せられるときは、幕府では例のとおり陸路東海道をご通過になるという予定であったけれども、おれは、日本は海国であるから、国防のためには海軍を起こさねばならぬ。しかして海軍を起こすには将軍などが率先してこれを奨励してくださらなくてはいけない。それゆえこのたびのご上洛も、諸藩の軍艦を従えて、海路よりご出発あるがよろしかろうと、老中などに建議した。ところが老中なども、至極もっともの事ではあるが、諸藩からおのおのその船を出させるのがなかなか困難だと心配するから、「それは私がきっと引き受けます。しかしながら一旦私にお任せある以上は、種々ささいのことまであなたがたよりおさしずがあっては困ります」といったら、それは承知だから、いっさいおまえに任せるということになった。

そこでおれは直ちに諸藩に命じて、このたびは、将軍が海路よりご上洛になるから、おのおのその軍艦を出してお供をせよと達した。

ところが西洋形の船を所有する藩は、皆一そうずつを出したが、また中には幕府の船を借りて、乗組員だけは、その藩から出してきたものもあった。そのとき集まった船と船将とはこの表のとおりだった。

幕府	翔鶴丸		頭取	肥田浜五郎
	朝陽丸			伴　鉄太郎
	千秋艦			荒井藤次郎
	第一長崎丸	長崎奉行	定役	鈴木卓太郎
	播竜丸		頭取	浜口卓右衛門
越前	黒竜丸			（不明）
薩摩	安行丸	セーラ鉄船蒸汽三本橋	船将	大山彦介
佐賀	観光丸	幕府より借船	番頭並	浜野源六
加州	発起丸		軍艦奉行	岡田雄次郎
南部	広運丸			長岡安之助
筑前	大鵬丸			松本主殿
雲州	八雲丸		奉行	杉原　杢

乗組員は皆、「私どもは船のことは誠に未熟であるから、万事さしずを頼む」というから、「よしよし、おれが引き受けた。心配するには及ばない」といって、おれの部下から練達のものを三人ほどずつ各藩の船に乗り込ましたところが、彼らも大いに喜んだよ。そのうえ彼らは藩から相当の手当をもらっているうえに、幕府からも幕船同様に給料を与えたから、ちょうど二重に給料をもらう都合で、ますます喜んだよ。

将軍が多数の軍艦を率いて上洛するということは、前古未曾有のことで、実に壮観であったよ。しかし前古未曾有のことであるだけ、おれは責任は重く、かつ諸藩の船もあることだから、おれは始終マストの上に登って、艦隊の全部を見渡していたが、大坂へ着くまで一週間というものは、ほとんど眠らなかったよ。

しかしともかく無事に大坂へ着いて、それから将軍は上洛せられたが、ずいぶん骨が折れたとはいえ、これも日本は海軍を盛んにせねばいけないという考えから、幕府や諸藩の海軍を奨励するつもりなのさ〉

幕府の軍艦頭取である肥田浜五郎と伴鉄太郎は長崎海軍伝習所の第二期生で、咸臨丸で渡米している。それはさておき、これだけの軍艦を集め行進したのは、確かに勝のいうとおり「前古未曾有」の快挙ではあり、規模は比ぶべくもないが、真珠湾に向かう連合艦隊を彷彿《ほうふつ》とさせるものであったろう。勝は「始終マストの上に登って、艦隊の全部を見渡していた」というように得意の絶頂であったであろう。しかしこれは飽くまでデモンストレーションである。これで長州を討ちに行くのでもなければ、対馬に居座った露艦ポサドニック号を追い出しに行くのでもない。ましてや下関で英米仏蘭連合艦隊と決戦をやるのでもないし、バルチック艦隊を完膚なきまで打ち破り堂々と凱旋してくる東郷平八郎ではないのである。「種々ささいのことまであなたがたよりおさしずがあっては困ります」といって、例によって全権を委任させ、一人で複数藩の艦船を組織し指揮した勝は、正にネゴシエーターの面目躍如であった。

ところでこのとき勝の身分は何であったのか。「軍艦奉行並」である。その上に「軍艦奉行」がいたはずである。誰か。木村摂津守である。勝は木村を全く無視して全て自分で仕切って進めたのであろう。勝らしいスタンドプレーではある。これが勝の絶頂期で、半年後には軍艦奉行に出世するが、それから半年ほどで海軍の中心から外されてしまう。

対馬事件

〈ここにまた、外交家の秘訣は、彼をもって彼を制するということがある。これも文久の昔の話だが、あるときロシアの軍艦が対馬にやってきて、軍艦の修繕がしたいという口実で、その実途方もないことをするではないか。海岸を測量したり、地図を作ったり、山道を切り開いたり、畑地を作ったり、粗末ながらもとにかく兵舎ようのものを建てたり、それは実に傍若無人の挙動をしたのだ〉

文久元年（一八六一）、ロシアの軍艦が対馬を占領するという事件が起こった。ロシア艦隊対馬占領事件、通称「対馬事件」である。

〈それからというものは、ロシアの軍艦は、幾回もやって来たが、一番後に来たのなどは、軍艦を修繕するといって、今いったとおり粗末ながらも兵舎めいたものを建てて、容易に引き上げる模様がなかったから、そこでいよいよやかましい掛け合いになった。

ところが今度は、向こうでもいっそう図太い覚悟をしてきたものとみえて、「私どもは、上海におりまする総督リハチョフの命令によって、かくのごときことを致すものであるから、万事上海の方へお掛け合いなさるのがよい。私どもの知るところではござらぬ」とすましこんでいて、何ともはや手のつけようがなかった〉

二月三日、ロシアの軍艦ポサドニック号（艦長ビリレフ）が対馬にやってきて、船体修理の名目で強引に停泊・上陸し、営倉の建設まで行なった。その真の目的はロシアの悲願である東方に不凍港を築くことであった。武力を背景に居座り、木材や食料を略奪、地元民とトラブルを起こし、対馬藩と幕府が退去を要求するが、ロシアは応じない。

結局イギリスの助けを借りることとなり、七月九日、イギリス公使オールコックと老中安藤信正が協議。七月二十三日、イギリス東洋艦隊の軍艦二隻が対馬に回航してロシア側を威嚇し、一方で安藤信正は箱館奉行を通じ、ロシア領事に抗議をした。ロシアはイギリスの干渉により形勢不利と判断し、八月十五日に対馬から退去した。

この「対馬事件」に関し、勝は、自分が交渉したかのように語っている。

〈ところでおれは、この場合に処する一策を案じた。それは当時長崎におった英国公使というのは、至極おれが懇意にしておった男だから、内密にこの話をして頼み込み、また長崎奉行からも頼み込ませた。そうすると公使は、直ちに北京駐在英国公使に掛け合い、その公使は、また露国公使に掛け合って、堂々と露国の不条理を詰責して、訳もなくロシアをしてとうとう対馬を引き払わせてしまったことがあった。これがいわゆる彼によりて彼を制するというものだ。

それをもしも当時の勢いで、日本が正面から単独でロシアへ談判したものなら、ロシアはなかなか「うん」とは承知しなかったであろうよ。

仮りにそのとき談判が調《ととの》わずに、対馬が今日ロシアの占領地になっていると思ってごらん。極東の海上権は、とても今のように日本の手で握ることはできないであろう〉

勝は長崎で、懇意にしていた英公使オールコックに頼み込んで、訳もなくロシアを退去させたといっている。だがこの「対馬事件」には勝は関与していない。というより関与などできなかった。

まず、勝は「当時長崎におった英国公使」というが、オールコックはこのころ長崎にはほとんどいなかった。香港から日本に戻ったのが四月十五日、一週間ほど長崎に滞在し、四月二十三日には長崎を発っている。その後、一カ月ほどかけて陸路を旅行しながら江戸に到着したのが五月二十七日である。そしてその翌日二十八日、攘夷派水戸浪士十四人がイギリス公使館を襲撃するという事件が起こった（第一次東禅寺事件）。

また勝自身、英公使の長崎滞在時、長崎にはいなかったし、そもそもこのときの勝はイギリス公使に直談判できるような部署にも地位にもいなかった。この前年（万延元年）、アメリカから帰国（五月六日品川着）したのだが、種々不都合があり、六月二十四日には「蕃書調書頭取介」に左遷され、海軍から追い出されてしまっていた。洋学の研究教育機関の副所長クラスである。イギリス公使に談判できるほどの地位ではない。

なお、左遷された種々の不都合とは以下のようなことが考えられる。

・渡米中、上司（軍艦奉行・木村摂津守）と衝突ばかりしていた。
・帰国時、桜田門外の変を聞いて「これ幕府倒るるの兆《きざし》だ」といった。
・帰国直後、老中の不興を買った。

最後については、勝がアメリカから帰朝したとき老中から、異国で何か眼を付けたことがあるであろうと聞かれ、次のように口を滑らせてしまったのだ。

〈「さよう、少し眼につきましたのはアメリカでは、政府でも民間でも、およそ人の上に立つものは、皆その地位相応に利口でございます。この点ばかりは、全くわが国と反対のように思いまする」といったら、ご老中が目を丸くして、「この無礼者。控えおろう」としかったっけ。

ハハハハ……〉

勝部真長氏もその著書『勝海舟』に、「海舟自身、七十六歳の十月（死の二カ月前）の手紙（文倉平三郎宛）に、『拙者、帰朝後万事不都合の廉《かど》もこれあるや、直に海軍の職免ぜられ候。右、萬《よろず》関係を絶ち居り候、二カ年』と書いているところをみると、海舟自身、帰国後、万事不都合のことあって、海軍関係から追放されていたことを認めているのである」と記している。

また松浦玲氏はその著書『勝海舟』に、どのような経緯でロシア艦を対馬から退去させることができたかについて、次のように述べている。

「幕府からの有効な抗議は、外国奉行兼帯《けんたい》箱館奉行の村垣範正から箱館駐在ロシア領事ゴシケヴィッチに対して行なわれた。前後の事情を非公式に承知（あるいは察知）していたゴシケヴィッチは、ロシア軍艦の非を認め、リハチョフに連絡を取って退去を指示させると約束した。この約束は果たされた。

しかし時期的にはこれにイギリス軍艦の直接的な監視と対抗の行動が重なった。駐日イギリス公使オールコックと協議したイギリス東インド艦隊司令官ジェイムス・ホープが二艦を率いて対馬に赴き、ビリリョフ（＊ビリレフ）艦長にポサドニク号の修理が終わり次第に退去すると約束させたのである。更にホープはリハチョフ司令官が滞在していると思われた（＊日本海の）オリガ湾に廻り、相手不在のため、ロシア軍艦の行動の不当をなじる文書を残した。後年の海舟にイギリスを動かしたのは実は自分だと誇示する談話があるが、これは裏が取れない」

外国奉行兼帯箱館奉行の村垣範正（遣米使節団の副使を務めた）の交渉と、時期的にはこれにイギリス軍艦の直接的な監視と対抗の行動が重なって、ロシア艦を退去させたと述べている。そして勝はイギリスを動かしたのは自分だと誇示しているが、これは裏が取れないと書いている。さらに松浦氏は次のようにこの『氷川清話』の勝の話を否定している。

「吉本は麟太郎長崎滞在中のことだと錯覚してデタラメな話を創作したのかもしれない」

この松浦説に従えば、『勝のホラ話』ではなく、吉本襄（『氷川清話』の編者）の捏造話ということになる。

一方で上垣外《かみがいと》憲一氏は『勝海舟と幕末外交』（中公新書）に、水野忠徳が極秘で勝を長崎に派遣しオールコックに交渉させたという「仮説」を主張している。この事件の三年後に勝が書いた『伝習以来魯国《ろこく》之事』に「以て此事を英国公使オールコック氏に謀りたりしに、同氏驚愕甚敷、怱士《そうし》を奔《はし》らせ、また魯国在留之工使（＊公使）に談じて退散せしめたり。然して我に話して曰く」と書いてあることから、勝がオールコックを説得したと主張しているのだ。

しかしオールコックが長崎にいたのは到着日、出発日含めて八日間である。水野が、オールコックが長崎に戻り、そこにごく短期間滞在するという情報をどのように入手したのか。しかも針の穴を通すようなピンポイントの滞在期間を狙って、勝を快速船で極秘に長崎に遣るなど考えにくい。上垣外氏自らいっているように飽くまで「仮説」であろう。

ここで、この時期のオールコック公使の行動を佐野真由子氏の『オールコックの江戸』（中公新書）を参考に見てみることにする。この年文久元年（一八六一）の略年表である（日付は和暦）。

二月三日　露艦ポサドニック対馬に来航。
四月十五日　オールコック長崎着（香港より帰る）。
四月二十三日　オールコック長崎発（陸路江戸へ向かう）。
五月二十七日　オールコック江戸到着。
五月二十八日　水戸浪士英公使館襲撃（第一次東禅寺事件）。
七月八日　英東インド連合艦隊司令官ホープ来日。
七月九日　日英トップ秘密会談（一日目）。
七月十日　日英トップ秘密会談（二日目）。
七月二十三日　英軍艦対馬に回航、露艦を威嚇。
八月十五日　露艦対馬より退去。

さて、ここで重要なのは七月九、十日の「秘密会談」である。これはオールコックの希望であったが、ここではお互いの本音が話された。参加者は、日本側は老中安藤対馬守信正と若年寄酒井右京亮と通訳の三人、イギリス側はオールコック公使、包帯姿のオリファント書記官、ホープ連合艦隊司令官と通訳の四人（翌十日には老中筆頭久世大和守広周《ひろちか》が加わった）。この会談に当初列席していた外国奉行始め全ての役人、そして英国側はわざわざホープ司令官と共に来日したロビンソン香港総督始め全ての士官が席を外した。ここでオールコックは朝廷と幕府の微妙な日本の統治機構などを理解し、強硬に反対していた開市《かいし》・開港の延期にも理解を示すようになった。そして本国外務省への報告にもこの秘密会談の内容は書かず、東禅寺事件で重傷を負って帰国せざるをえなくなったオリファントから直接報告させると伝えた。

なぜこのようなことを長々と紹介したかというと、この秘密会談で、日英どちらからいい出したかは不明ながら、対馬の露艦退去にイギリスが協力することが話し合われたのではないかと思われるからである。さらに、この件がこうした極秘の事項であるということは、これに勝が関わるなど到底不可能であったからである。もし事前に長崎で勝がオールコックと話をしていたなら、この会談に勝を同席させていたであろう。だが勝はいなかった。にもかかわらず、勝がやったと考えるのは、何でもかでも勝という、編者吉本の惚れた欲目ではないだろうか。

実は露艦は英艦の脅しにより退去したのではないという説得力のある説がある。そもそもビリレフ艦長は上部からの命令で対馬を占拠したのであるから、英艦に脅され、戦いもせず勝手に退去したら軍法会議ものである。実際は箱館奉行村垣範正らの外交努力や欧米外交団の反発により露艦の退去は決定していたが、それは七月の日英トップ秘密会談のころで、その報が日本のトップに届いていなかった。英艦が対馬に回航（七月二十三日）してから露艦退去（八月十五日）まで二十一日もかかっているのは、退去命令がそのころやっとビリレフ艦長に届いたからである。前述のように松浦氏も英艦の対馬回航はたまたま時期が重なったといっている。

ただ、いずれにしてもこの時期、勝はかかる交渉ができるようなポジションにはいなかったし、老中に進言したという史料もない。勝は「彼をもって彼を制する」といっているが、当時、下手に外国に助力を依頼するととんでもないことになる恐れがあった。現にこのときイギリスは、もしロシアが対馬退去を拒んだ場合、イギリスがこれを占領しようと考えていたのである。このとき英公使オールコックは、本国へ以下の報告を送っている。この報告書を坂本藤良《ふじよし》著『小栗上野介の生涯』（講談社）より引用させていただく。

「予は露国が著手《ちゃくしゅ》する数年前に、他の西欧強国が同島に先鞭をつけずして放置したるを奇異に感ずるものである。（中略）露艦の不法をなじって退去を迫り、もし、露艦がこれを拒む場合は英国自身がこれを占領すべきである。（中略）露国がこの海面に爪牙《そうが》を磨くのは、列強、とくに英国には痛切なる利害の存するところである。日本国には、露国の野望を防止する実力は無い。英国は、この国が分割せられんとするのを袖手傍観《しゅうしゅぼうかん》することはできぬ。もし、英国が対馬を占拠せば、列国の憤激するところとなるであらうが、只《た》だ一個、我が国と協力する国があらう。それは仏国である。仏国がつとに朝鮮の金鉱に著目してゐることは、クリミヤ戦争の当時、すでにボーリング総督が報告してゐるはずである。仏国は、英国と戮力して対馬を我に譲り、おのれは朝鮮における日本人領土（＊外国人は釜山付近を日本領と解していた）を獲て、立脚地を設ける挙にでるであらう」

イギリスはこの事件の前々年に、対馬を貸与してもらいたいと幕府に要求し、周囲を実力で測量した。これがロシアを刺激した。ロシアはこの事実を確認した上で、幕府に抗議し、イギリスの侵略から同島を守るために力を貸したいと申し出た。もちろん幕府は断ったが、ビリレフが対馬に来たのはその直ぐあとであった。

つまりロシアもイギリスもどちらも、いずれが「前門の虎」か「後門の狼」か、だったのである。その後、対馬がどこにも占領されずに済んだのは幸運であったといわねばならない。勝がいうように「彼をもって彼を制する」などといった簡単な状況ではなかった。

蛇足ながら、実は坂本氏は『小栗上野介の生涯』の中で、幕府がイギリスに依頼した策が、勝が考えたものであるかのように述べている。

「この見事とも言っていい処理法の裏には、勝海舟がいたらしい。彼の外交策は、現実的な処理としてたしかに巧妙であった。綱淵氏も、これを高く評価されている」

そこで、この綱淵謙錠氏の『幕臣列伝』（中央公論社）に勝がこの策を考え老中に建策でもしたという史料が載っているのかと思い、同書を見てみた。

「最終的には老中安藤対馬守からイギリス公使オールコックに働きかけ、イギリス東洋艦隊の軍艦二隻を対馬に派遣してもらって、その圧力でビリレフに強硬な抗議を行い、ロシア軍艦の退去に成功した。そのイギリスとの交渉を陰で行ったのが勝海舟であったらしいことは、かれの『氷川清話』中の「彼をもって彼を制す」という外交談でよく知られている」

このように書いてある。綱淵説の真偽を確かめようとして史料を手繰《たぐ》っていったら、何のことはない『氷川清話』にたどり着いたのだ。坂本氏は、綱淵氏を通して『氷川清話』を「孫引き」しているのである。親亀がこけたら皆こけた訳だ。もっともどちらも「らしい」と断ってはいるが。

蛇足ながら、いやもうすでに蛇足を書いたので、今度は脱線ながら、面白い「孫引き」の話を紹介しよう。平成二十八年（二〇一六）度上半期のNHKの連続テレビ小説「とと姉ちゃん」の主人公は『暮しの手帖』の創業者がモデルであった。さてその『暮しの手帖』は商品テストが目玉企画であったが、昭和四十六年（一九七一）二月号に「国語の辞書をテストする」と題して、国語辞書が他の辞書を盗用していることを白日の下に曝《さら》した。三省堂の辞書は、洋裁用語の「まつる」を「布の端などが、ほつれないように、内側から外側へ、糸をまわしながら縫う」と解説していた。そして他の九社の辞書の「まつる」を書き並べてみると、ほとんど同じ文なのである。十社の中では三省堂が一番古いので、他社はこれを真似たのである。例えば岩波は「布の端などが、ほつれないように、内側から外側に、糸をまわしながら縫う」と書いている。何と「内側から外側へ」が「内側から外側に」と「へ」を「に」に変えただけである。では『広辞苑』にはどう書いてあるか。「布が外縁から、ほつれ出さないように、糸を内側から外側に、回しながら縫う」である。これもほとんど同じである。同じ言葉だから似たような表現になるのは仕方ない、と思ったら大間違い。実は三省堂の、ということは他の辞書も、「まつる」の意味を間違えているのである。洋裁に詳しくない人には分からないかも知れないが、この解説は「まつる」ではなく「かがる」につけるべきものなのである。つまり各社がそれぞれ解説を書いたら、たまたま文章が似てしまったのではない。親亀こけたら皆こけた、なのである。

勝海舟に関するものは、研究書、歴史書、小説、児童書、漫画からテレビに至るまで、ほとんどが『氷川清話』を引用している。だから『氷川清話』から引用したように書いてあったら、まず疑ってかかった方がいい。特に「無血開城」に関わる部分を引用していたら、ウソだと思った方がいい。

ロシアはコワイ国

〈竣鎔《しゅんよう》も、たびたびおれのところへきたよ。あまりくどくどしく朝鮮のことをいうから、おれは、「朝鮮のような小さい国は、だれも取りはせぬから、安心してロシアに依頼しているがよい。日本も、シナも、たよりにはならない」といってやった。あれはよほど疑い深い男だ。とても賢いやつではないよ〉

これと同じようなことを『海舟座談』では次のようにいっている。なお「竣鎔」は大院君の孫。

〈ロシアは、朝鮮を取る気遣いはない。まして日本などに、何の望みがあろうと、オレが毎度言う通りだが、西（＊徳二郎、ロシア公使）も帰って来て、そう言うそうな。オレが引立てた安藤謙介（＊富山県知事）を、ロシアの公使へと松方も言ったが、安藤は今少しこうやっておりたいと言った〉

勝は、本当にロシアが朝鮮を取る気がないとでも思っていたのであろうか。当時は帝国主義時代だから、列強は全て侵略国家ではあったが、特にロシアは野蛮な侵略国家であり、虎視眈々と満州、朝鮮そして日本を狙っていたのである。勝先生、そんなことを知らなかったのであろうか。別の箇所では次のようにいっているではないか。

〈三十年前に、おれが長崎でロシアの軍人に交ったころに、その軍人は、「軍港もこしらえる、シベリア鉄道も敷く、そして東洋にどしどし手をだすつもりだ」と言っていたが、今ではたして着々とそのとおり実行している。どうもロシアの考えの遠大なのには驚くよ。それに日本では、シナから取る償金を当てにその日のがれをやっているとは、実に情けないしだいだ〉

前の引用とは、いっていることが正反対ではないか。それを「脅威」といわず、「遠大」とはどういう心境なのか。軍港とはのちに述べるウラジオストクのことであろう。モスクワとウラジオストクを結ぶのがシベリア鉄道である。勝が「着々とそのとおり実行している」というとおり、ぬくぬくと放談をやっている間に、鉄道はウラジオストク目指して着々と伸びてきている。シベリア鉄道は満州との国境沿いで遠回りであるため、満州の真ん中を突っ切ってウラジオストクに直進する東清鉄道（東支鉄道）敷設の密約を清国と締結したのは勝が放談をやっている前年の明治二十九年（一八九六）である。密約だから勝先生は知らなかったかも知れないが、「東洋にどしどし手をだして」きている。何を根拠にロシアは朝鮮を取る気はないなどと寝言をいっているのであろう。竣鎔を「疑い深い男だ。とても賢いやつではないよ」といっているが、賢いやつではないのはどちらであろうか。

北方領土を未だ返さないロシアを知ったらどう思うだろう。今、勝が生きていて、そのネゴシエーター能力を買って、プーチン大統領と交渉して北方領土を返してもらってこい、と命じたらどうなるであろうか。たぶん勝はこういうであろう。「承知した。ただし全権を任せてくれなくては困る」。そして全権を任せたらどうなるか。「交渉は成功した。北方領土は即刻返還する。ただし日米安保条約は破棄し、日本に駐留する米軍は一人残らず退去すること。そしてロシア軍が、その後に駐留することを認めること」となるのではないか。怖いですね。

ロシアが清国と北京条約を締結し沿海州を獲得したのは万延元年（一八六〇）十一月だよ、勝先生。咸臨丸でアメリカに行き、帰ってきた直後だよ。アメリカで何を学んできたのか。そんな勝が引き立てた安藤謙介などという男をロシア公使なんかにしては大変である。幸い彼は国内の県知事や京都市長などを歴任したが、ロシア公使にはなっていない。よかった、よかった。

また勝は『海舟座談』に次のようにも語っている。

〈丁汝昌《ていじよしよう》（＊清国海軍の提督）と話したよ。ロシアが、今はウラジオストックを開港するが、追々はモ少し南の方によるだろうと〉

「朝鮮を取る気遣いはない」といったことと違うではないか。ウラジオストクは明治時代、「浦塩斯徳」と漢字を当て、通称は「浦塩＝ウラジオ」と略されていた。こんなことをするから怖さが分からないのだ。「裏地雄徳」とでもすれば、「裏地」「ウラジ」と呼んだであろう。「ウラジオストク」は本来「ウラジ」＋「オストク」なのである。ロシア語の「ウラジ」とは「領有・支配する」という意味で、「オストク」は「東」だから「東方を支配せよ」、つまり日本や朝鮮を征服せよ、ということなのだ。ロシアの人工衛星「ボストーク」はこの「オストク」であり「東方」を意味した。一九六一年に打ち上げられたボストーク1号は、ガガーリン少佐を乗せた人類初の有人宇宙船であった。

言葉の切り方を間違えると読み方が違ってしまう場合がある。「間髪を容れず」は「間、髪を容れず」で「かん、はつをいれず」と読む。「間髪」と続けて「かんぱつ」と読むのは間違いである。間に髪の毛一本を入れる隙間もないという意味から、「相手が何かをしたときに、すかさずこちらからも、それに応じて何かをする様子」である。アメリカの「サンフランシスコ」も略して「シスコ」と呼ぶことがあるので、「サンフラン・シスコ」と思っている人がいるかも知れないが、正しくは「サン・フランシスコ」すなわち「聖フランシスコ」である。また、サン・フランシスコのことを「桑港」と書く。なぜ「桑の港」と書くかというと、昔、日本人にはサン・フランシスコが「ソーホーシスコ」と聞こえ「桑方西斯哥」と漢字を当てた。サン・フランシスコは港町なので、これに「港」を付け「桑方西斯哥港」としたが、長いので略して「桑港」

としたそうである。しかしこれは日本人が考えたのではなく、当時華人がそうしたのだという説もある。確かに「哥」なんて漢字日本では使わない。これは「兄弟」という意味のようである。なお、変わった漢字で比較的よく目にするのが「卡」である。「カ」と発音し「阻む」「カロリー」という意味である。何でこの全く違う意味を一つ漢字が表わすのであろうか。「カロリー」は「卡路里」と書く。また「卡片」はクレジットカードなどの「カード」の意味で、日本でも目にする。あちらの至る所で見かける看板が「卡拉OK」である。「カラオケ」と読む。「OK」が傑作である。

日本では外来語はカタカナで書くこともできたが、漢字を当てた。当時、清国では全て漢字で表記しなければならず、その当て方が日本とは違った。例えばフランスは日本では「仏蘭西」、清国では「法蘭西」。だから日本では「仏国」、あちらでは「法国」。侵略国家フランスが仏《ほとけ》や法の国ですかねえ。アメリカは「亜米利加」だが、あちらでは「亜美利加」。したがって略も「米国」と「美国」。アメリカが何で「美国」なんだ、「美国」は日本だろう。お前は「反米家」か、だって。いえ、「親日家」です。もっともアメリカ産のお米は、「米米《べいまい》」。これではロックバンドの「米米CLUB」になってしまう。最近、動植物をカタカナ表記するようになり、「アメリカ産のお米」は「米コメ」で何のことか分からない。アメリカも形容詞で、「アメリカン」となると「ア」が取れて「メリケン」となり「米利堅」と書く。メリケン波止場、メリケン粉など。「ア」が取れる理由は、アクセントが「メ」にあるためだと思われる。幕末のころ日本人は「犬」を英語で「カメ」というと思っていた。アメリカ人が犬を呼ぶとき「カメや！」といったからとか。実は「Come here!」といったのである。

横道に逸れてしまったので、話を戻す。もう半世紀以上も昔に結成された「有馬徹とノーチェクバーナ」というラテン音楽の楽団がある。これを「ノーチェク・バーナ」と読んでいたが、「ノーチェ・クバーナ」であると知ったのはブエノスアイレスに赴任したあとだった。スペイン語で「ノーチェ」は「夜」、「クバーナ」は「キューバの」という意味である。英語でいえば「キューバン・ナイト」（キューバの夜）である。スペイン語では形容詞が名詞の後ろに付く。「ホワイト・ハウス」を「カサ・ブランカ」というのと同じである。あれ？　話が戻っていない。ここはどこ？

いずれにしても「ウラジオストク」とは「東方支配・東方侵略」という意味であり、日本にとっては「コワ〜イ」名前なのである。勝先生、オランダ語と英語は堪能であったかも知れないが、ロシア語は知らなかったのですね。知っていれば「ロシアは、朝鮮を取る気遣いはない」なんてのんきなことといわなかったでしょうね。

ちなみに、プーチン大統領の名は「ウラジミール」で、この「ウラジ」は「支配せよ」で、「ミール」は「平和・世界」という意味である。世界と平和がなぜ同じ単語なのか理解に苦しむが、ロシア人は世界平和を愛する国民なのであろうか。そうだといいですね。でもプーチン大統領の名が「世界を征服せよ」なんて、やはりロシアは「コワ〜イ」ですね。

下関砲撃阻止

〈下《しも》の関の砲撃の時も、行って、八ケ月延期させてやった。アノ時は、西京（＊京都）から命じられたのだ。（＊山内）容堂とか何とか言う参与などがいたよ。それで、長崎に行ってネ、アレハ、ロシアとイギリスとオランダの連合さ。オランダが主で、ほかは助けたのだ。ソレデ行って、話したのサ。「アナタ方は、ソウ真向きに怒りなさるけれど、日本人はとてもそう分ったものではありません。この間まで、アナタ方には、カカトがないので、板（＊靴）をくっつけて歩いているのだと思うていました位のものです。元来、分りはしません。それに、長州でも、西京でも、今は騒ぎで、何としても、どうもなりませんから、モウ少し延しなすってはどうです。それで、アナタ方が大砲でも向けて下さると、それから刺激となって、極《ご》く好《よ》いです」と言うと、なるほどソウデスか、それももっともだと言うて、八ケ月延すことになった。それで横浜の領事などには、アナタから言うて下さいと言うから、帰って来て、船将たちは承知しましたからというて、それで延させたのだが、それでもグズグズしていたものだから、アアなった。それはキマリがあるものだから、タシカ五百両くれたよ。

その時などは、モウ軍艦奉行だから、供を連れたり、カゴをつらせて行ったが、イツでもカゴは空《から》にして、サキにやり、後から士《さむらい》一人と徒歩で行った。皆な、空カゴに向って敬礼をするのさ。勝はいつまでも、アー磊落《らいらく》では困ると言って、そればかり攻撃していた。それで、攻撃のホコ先がすんでしまった。それで逃れたのサ。（中略）功成り名遂げて身退く、とは古人の言うことだが、それは八釜しいもので、人の功をそねむものだからネ〉

『海舟座談』のこの引用箇所は、「四国連合艦隊下関砲撃事件」に勝が活躍したことを語っている。これは、長州藩が「攘夷実行」として下関海峡で外国船を砲撃したことに対し、翌年、英仏蘭米の四カ国が下関を報復砲撃した事件である。引用内容について指摘する前に、念のためこの事件の流れを記しておく。

文久三年（一八六三）
　五月十日　「攘夷実行」といって、長州藩が下関で英仏蘭の船を砲撃した。
文久四年・元治元年（一八六四）（二月二十日に元治に改元）
　三月末　長崎で勝海舟が蘭米英各国領事と下関砲撃の延期を交渉した。
　八月五日　英仏蘭米の四国艦隊が三日間下関を砲撃し、砲台を破壊占拠した。
　八月十二日　勝が砲撃阻止交渉を命ぜられ豊後姫島に行くが、すでに砲撃は終了。

さて、これに関わった勝の実際の活動内容と、『海舟座談』引用とを比べてみるとかなり事実と異なることが書いてある。

第一に、勝は各国領事との交渉役を仰せつかり、三月二十三日に長崎に到着する。正に勝のネゴシエーターとしての面目躍如たる役目であった。このとき、坂本龍馬ら十一人もの弟子を率いて行った。幕臣を連れずに自分の子飼いの弟子たちを連れて行くのは勝のスタンドプレーである。それも彼らを指揮して大仕事をやるのではなく、対馬などの外の世界を見せようというのであるから、勝の嫌う「私」ではないか。もっとも勝のことだから、「幕臣」こそが「私」であり、自分の弟子たちは諸藩の藩士、オール・ジャパンだから国家であり「公」である、とでもいうのであろう。このとき勝は長崎に四十一日間滞在し、伝習所時代の愛人、梶玖磨に会っている。公用中に愛人と密会では、「私」の最たるもので、現代であったら恰好の週刊誌ネタである。まあ、江戸時代のことだから、これはよいとしておこう。

第二に、勝が「ロシア」といっているが、この事件に「ロシア」は全く関与していない。単なる記憶違いである。長崎で勝が交渉した外国領事はオランダ、イギリス、アメリカの三カ国である。したがって「ロシア」は「アメリカ」の間違い。

第三は、「アナタ方には、カカトがない」「板をくっつけて歩いている」というのは、座談でのユーモアであろう。それよりも「長州でも、西京でも、今は騒ぎで、何としても、どうもなりませんから」というのはいかにも曖昧である。座談を聞いている方も分からないのではないか。実はどういう状況であったのか。長州はこの時点では「攘夷、攘夷、攘夷……」の一点張り。京都では、参予と閣老が協議をしていた。参予会議は島津久光がリーダーとなり、参予は松平春嶽《しゅんがく》、山内容堂、伊達宗城《むねなり》である。いずれも当時見識を持ち、力量もあった諸侯である。諸侯による会議などというときはこれら藩主の名が挙がるのだが、面白いことに長州藩主がいない。毛利敬親《たかちか》は有能な家臣を登用した名君ともいわれるが、家臣のいいなりで「そうせい侯」ともいわれていた。いずれにせよ、前記の各藩主たちと名を並べられたことがない。

参予会議では、朝廷を「攘夷」から「開国」へ向かわせることに努力していた。勝もこれを期待して、長崎に交渉に行ったのである。そのときには勝がいうように「今は騒ぎで、何としても、どうもなりませんから、モウ少し延しなすってはどうです」などといってはいない。「攘夷を抑え、開国に向かわせるから、下関攻撃はしばらく待ってくれ」といったのである。そして各国領事は、「関門海峡封鎖のようなことを日本側が打開するのであれば、下関攻撃は再検討しよう」と答え、猶予を与えたのである。

第四は、猶予期間の間違いである。勝は「八カ月」といっているが、正しくは「二カ月」である。なにせ四カ国が艦隊を編成して横浜から下関まで行くにはそのくらいの準備期間が必要であった。勝は何を根拠に「八カ月」といったのか。実際の下関砲撃は八月五日であるから、勝の交渉した三月下旬から「四カ月少々」である。どう計算しても「八カ月」にはならない。勝は数学が苦手であったが、まさか計算違いでもあるまい。

猶予期間はともかくとして、勝が京都に帰ってみると状況は一変しており、参予会議は崩壊し、とても「開国」どころではなく、関門海峡封鎖の打開など論外であった。連合国側との交渉は結果的に無駄になり、骨折り損のくたびれ儲けに終わった。

第五は、「グズグズしていたものだから、アアなった」の意味がよく分からない。「アアなった」は四国艦隊が下関を砲撃したことであろうが、「グズグズしていた」とは誰のことか。慶喜が薩摩主導の参予会議を嫌ったため会議は機能せず、朝廷の攘夷路線の意向を変えることができなかった。そうこうするうちに島津久光も松平春嶽も国へ帰ってしまった。その後、「池田屋事件」が起こるは、長州が御所を砲撃するという「禁門の変」（蛤御門の変）が起こるは、「第一次長州征伐」の命が下るはで、「グズグズ」どころか「メチャクチャ」になってしまった。

そして四カ国の艦隊は七月末、横浜を発し関門海峡へ向かった。豊後の姫島に艦隊が集結しているから行って説得してこいと命じられたのが八月十二日である。またまたネゴシエーターを任された勝が姫島に直行し、到着したのが十四日である。ところが英仏蘭米の四国艦隊が下関を砲撃したのは八月五日であるから、勝が命じられたときにはすでに砲撃は終わっていたのである。正に空振り、後の祭りであった。

第六は、勝が「モウ軍艦奉行だから」といっているように、五月に軍艦奉行に任じられたのだが、これは連合国に下関砲撃を猶予させたからではなく、「軍艦デモンストレーション」実行に対するものである。だが九月には、神戸の勝の私塾が脱藩浪人や過激派を抱え込んでいることを調べられた。九月十九日の日記に「蓋《けだ》し激徒の巣窟に似たるを以て嫌疑を蒙《こうむ》りしなり」と書いている。また勝自身が幕府にとって危険人物であると見られていた。すると十月には江戸に帰れと命じられ、十一月十日には「御役御免」となった。引用で勝がいうように「功成り名遂げて身退く」ような結果ではなかったのである。

なお、この「四国艦隊下関砲撃事件」で、長州はやっと鎖国攘夷が無謀であることを悟り、以後、開国へと転換していく。薩摩はというと、ちょうどこの一年前の「薩英戦争」ですでに鎖国攘夷が無意味であるとして、急速にイギリスに接近していた。もっとも薩摩は琉球で密貿易をやっており、鎖国攘夷といっても長州とは大分違っていた。

いずれにしてもここで勝が語っている自慢話は、記憶違いもあり、勝の責任ではないとしても、自慢するような成果もなく、実質的には無駄骨であり、空振りであった。

会薩調停

〈かれこれするうちに慶応二年になって、その年の五月二十七日に突然、奉書がきた。何かと思いながら開いて見たら、閣老水野和泉守から、「明朝、礼服で登城せよ」という達しだ。これは通例退職のものを再び用うるときの式ではなくて、実に破格のことであった。それでお達しのとおり翌日登城したところが、軍艦奉行に任ぜられてすぐに大坂へ出張を命ぜられた。

おれも少し腑に落ちないところがあったから、「どんなご用向きがあるか」と老中に問うてみたけれど、「このたびのことは将軍から直接のご命令だから、われわれにはわからない」というから、とにかく両三日たって、おれは大坂へ出発した。

大坂へ着いて板倉伊賀守に会ったところが、伊賀守のいうには、長州再征のことについて、薩州から大久保一蔵とか岩下佐次右衛門とか、内田仲之助とかいう連中がきて、ひどく反対するから、お前京都へ行って彼らを説き伏せてこいとのことだ。

そこで、おれはかねて意見を述べて、長州征伐はけっして国家のために利ではない、大久保や岩下らのいうところが、かえって道理にかなっているということを明瞭に弁じた。

ところが会津藩だけは、容易におれの説に従わなかったけれど、いろいろたとえなど設けて説明してやったら、のちにはとうとうおれの意見が耳にはいった。それでついに長州とは和解するようになったのだ〉

慶応二年（一八六六）、第二次長州征伐に当たり、諸藩に出兵を命じたが、薩摩がこれを拒否した。老中板倉勝静が薩摩の大久保利通らを説得するが埒《らち》が明かない。会津は薩摩に対し、裏切ったという疑惑を抱いている。そこで一年半ほど閑居していた勝を再びネゴシエーターとしてその調停に当たらせるため五月二十八日に軍艦奉行に復職させたのだ。

勝は、事前に板倉に持論を述べ、それから会津の説得に当たった。容易に勝の説得に従わなかったが、いろいろ説明してやっと分かった、といっている。『海舟座談』では次のように語っている。

〈それで、己は、その事を聞いてから、直きに西京へ行って、第一に会津（＊京都守護職）の方へ往《い》った。すると、（＊会津の）殿様は、毎日、酒を飲ませられて、妾の二人も当てがわれて、病気のようになって寝ているのサ。どうも、ひどいよ。殿様はもう分っているから、そんな、ひどい事をしないのだが、家来が聴かないというのサ。「もう、お前が来てくれれば、いいから、どうか、家来の方に説得してくれ」と言うのサ。それで、みンなと舌戦すると言って、とうとうみンなをたたきつけてしまった〉

つまり、会津の殿様は分かってくれた。家臣が分からないから、オレが説得して押さえつけた、薩摩に対する疑惑を払拭した、と語っているのである。しかしこれはウソである。会津の疑惑というのは、薩摩が会津を裏切って長州の味方をしているというものであり、これは真実である。薩摩はすでに長州と一月二十一日に「薩長同盟」を結んでいる。勝の舌先三寸で簡単に薩摩に対する会津の疑惑が氷解するはずがない。

勝は、会津の殿様、松平容保は分かってくれたと思ったが、容保は反論しなかっただけで、これを勝は分かったと誤解した。さらに勝は会津説得に行く前に板倉に持論を話し、それを板倉が納得してくれたと思ったのである。しかし板倉は納得などしていない。勝はのちに『海舟座談』で「板倉というのは、いい人でネ、よく分かるのだが、ただ断がないだけサ」と語っている。

家臣に対しては、「いろいろたとえなど設けて」とか「みンなと舌戦」とかいって、勝自身が先頭に立って長州に攻め入るという話をした。長州を憎む家臣は喜んだ。戦《いくさ》の話をすれば家臣たちが喜ぶというのは理解できるが、ネゴシエーターの勝が、軍服を身に着け、軍艦の上で「撃て、撃て、撃てー！」と絶叫している姿は想像しにくい。『氷川清話』にそうした勝の姿を連想させる話などどこにもない。

次に、これに続いて今度は薩摩に対して行なった模様を『海舟座談』では次のように述べている（『氷川清話』では薩摩との会談については語っていない）。

〈それから、岩下らの方へいって見ると、大久保は、勝が来たというので、大坂へ往って、行き違いになったのサ。「モウ、あなたが来れば、どうでもいいから」と言って、ひどい折れようサ。それで、「この書付は先ず己に預けてくれ、そのうちに善くするから」と言うと、「イヤ、どうでも善い」というのサ。それで直に片付けてしまった。それから、大坂に帰ると、なんぼ、なんでも、たった一日で片付いたから、サア、疑い出したよ。なんでも、勝は何かタクラミがあるに違いないというのサ。慶喜などは、現に自筆で、書いてらあナ。「勝は至って、手広いから、何事を仕出かすかもしれません。ご用が済んだら、早く還す方がいい」と言うのサ〉

薩摩の方は、何も説得しないうちから、勝が行っただけであっさりと折れて、出兵を承諾したかのように語っている。しかし、薩摩はすでに長州と「薩長同盟」を結んでおり、出兵に応じるはずがない。薩摩は出兵を拒否したままである。ここで「書付」といっているのは薩摩が出した出兵拒否の書状である。しかも大久保、岩下ら家臣の署名である。事前に老中板倉と大久保らが会って、家臣の署名の書状など受け取れないといい、薩摩側もそれを引き取らず宙に浮いていた。それを勝が、自分が預かり善処するといったのである。しかし薩摩側では、どうでもよい、どうでもよい、といって、大久保などは勝に会わず大坂に行ってしまった。つまり薩摩は出兵を拒否したままで何も解決してはいない。勝は何をもって「直に片づけてしまった」などといったのか。つまり薩摩への出兵要請交渉は失敗したのである。それを勝は、たった一日で交渉を成功させたかのように述べている。

大久保は勝と争うことを避けたのだろう。そこで勝は改めて出兵拒否の書付を幕府に出し直せば、それを老中板倉は受け取るだろう、自分は板倉を説得しておいたのだから。そのように思い込み、そして薩摩側にそのように語った。しかしすでに述べたように、板倉は勝の意見に納得していた訳ではなく、長州と密約した薩摩は勝のいうように改めて書付を幕府に出すどころか、出兵不可の論を朝廷に出したのである。

会薩調停のことは、松浦玲氏も自著『勝海舟』で「談話の嘘」として次のように書いている。

「これは嘘である。まず会津の薩摩に対する疑惑。薩摩は会津を裏切って長州に加担している。これは事実である。会津は邪推しているのではない。会津の疑惑は的を射ているのである。薩摩の裏切りは明々白々、これが氷解することは有り得ない。

薩摩にしても同じことである。板倉伊賀守の頼みは薩摩の出兵拒否を解決することである。

しかし薩摩は、勝安房が現われた後も出兵拒否を引っ込めてはいない。ますます態度を硬化させ、対幕府の出兵拒否を繰返すだけでなく朝廷に対しても真正面から征長反対を申入れた。勝安房守は完全に失敗しているのである」

勝は板倉に自説を一方的に述べ、それで板倉が納得したと思い込んだが、実は板倉は納得などしていない。これは能弁の自信家が陥りやすい弊害である、と松浦氏はいう。確かに勝は頭が切れ、弁が立つので、相手はなかなか反論ができない。しかし納得している訳ではない。それを相手が納得したと思い込むのである。会津の松平容保を説いたときも同じである。容保は特に反論もせず聞いていたが、納得した訳ではなく、勝が勝手に説得したと思い込むのである。いずれにしても会津・薩摩の調停は失敗した。そのことは七月十四日の『海舟日記』に次のように自ら書いている。

〈薩州より幕府へ呈せし趣意書を以て御所へ差出せし由、会家（＊会津藩）にて大心配なりと聞く。或は聞、是幕府へ差出置たりし、強て御返却に及びし故也と。我、此事に附て言上頻《ひん》なりしに、遂に狎邪《こうじゃ》（＊なれなれしく心がよこしまなこと）之妨《さまたげ》を得て、其意達せざるを知る〉

松浦氏もいうように、勝は完全に失敗したのであるが、『氷川清話』には成功したように語っている。そのことについて松浦氏は次のように書いている。

「ただし晩年の海舟が突然ホラを吹いたのではなく、当年の勝安房も初めのうち、少しは成功したのだと自己評価した。しかし途中で、これは失敗だと気付くのである。晩年の談話では、途中で失敗だと気付いたことが忘れられ、初め成功したと思った部分だけが拡大された」

人間歳をとると、昔のよかったことばかり覚えていて、嫌なことは忘れてしまう。もし嫌なことばかり覚えていたら辛い老後になってしまう。ゴルフでホールインワンをやったことはよく覚えているが、ＯＢを出したことは忘れている。ホールインワンは一回で、ＯＢはン百回なのに。よかったことはしばしば他人に話すから、記憶が薄れないのかも知れない。少しでもよい思い出を抱いて豊かな老後を送りたいものである。

歳をとり失敗を忘れたといって、あまり勝先生の自慢話を「追及」したくはないが、しかし歴史の真実は「追究」しなければならないし、多くの人が俗説に惑わされず正しい歴史を理解することを「追求」するのが本書の目的なのである。

宮島会談

〈このちもおれは時勢に応じていろいろ建白したけれど、多くは役人の機嫌を損ずるばかりで、中傷するやつはいるし、後にも先にもやむをえなくなったから、むしろ辞職しようと思ったけれど、それも許されなかった。そのころは、おれも実に苦心したよ〉

これは会薩調停の直後の心境を語った箇所である。勝は、慶応二年（一八六六）七月五日に調停を終えて京都から大坂城に戻った。

〈話が少しあともどりするようだが、おれが長州へ談判にいったときの始末を書いた『奉使始末』というものがあった。しかし今はどこへか紛失してしまって、そのときのこともたいていは忘れてしまったが、なんでもあのころはちょうどおれも内外おもしろくないことばかりで、すぐ大坂にいてひそかに決心するところがあった。すると突然京都から早打ちがやってきて、すぐおれにこいとのことだ。おれもいまいましかったから病気だといっていくまいと思って、ある老中にも話したところが、その人は正直な男だから、「お前が今日そんなことをいいだしては、国家がどうなるかもしれない」などと心配するので、おれもいやいやながら、その夜すぐに早かごでもって京都へのぼった〉

「おもしろくないことばかり」といっているが、それは勝が嫌っているいわゆる「フランス派」といわれる幕臣たちが京都に来ていたからであろう。勝は彼らを「狎邪の小人」と呼んで、これらのうち三人を誅戮《ちゅうりく》すべしとまで老中板倉に訴えている。この三人とは、その名を見て驚く。

長崎海軍伝習所一期生　小野友五郎（勘定吟味役）
長崎海軍伝習所二期生　木下謹吾（大目付兼帯軍艦奉行）
同　　　　　　　　　　肥田浜五郎（軍艦頭取）

しかも小野と肥田は咸臨丸で共に渡米した仲間ではないか。彼らは皆、徳川幕府のために必死に働いているのだ。

そんな中、七月十九日に将軍家茂が亡くなったので、第二次長州征伐の中止について京都から勝に呼び出しがかかったのである。

〈このころ慶喜公は後見職であったから、おれが京都へ着いたときはちょうど参内《さんだい》中で、原市之進がでてきて、「やれ実にご苦労」だの、「今度のご用はわれわれにはなんだかしれないが、なんでもあなたでなくては弁じられないということで、わざわざお召しになったのだが、なにぶんあなたのためにはご名誉だ」などと、平生にも似ない挨拶をするので、おれもそこは人がわるいから、こいつおれに油をかけやがると思ってよいかげんな返答をしているうちに、慶喜公もご帰館になって、ご直《じき》で長州への使者を仰せ付けられたのだ。それも初めは思う子細があって、おれもかたくご辞退申したが、「ぜひに」とのことだから、それではとて断然お受けをいたしたのだ。

それで、かくかくのしだいで長州と談判いたすつもりであるということを慶喜公へ言上すると、公は「なにぶん頼む」とのことだから、おれも「よろしゅうございます。一か月中にはかならず始末をつけて帰ります。もしさもなくば私の首はなくなったこととおぼしめされよ」と申し上げて出発した〉

八月十六日、慶喜より長州へ行き停戦交渉をするよう命令を受けた。勝は翌十七日、「かくかくのしだい」と述べているように「奉使進止《しんし》」という交渉方針の書面を慶喜に示し、了解を得ている。それは「正大衆議御採用」「天下の公論御採用」というもので、幕府専制に歯止めをかけるような内容であり、しかも極めて抽象的であったが、これに対し慶喜も書面で了解を与えている。勝は二十日に兵庫を発ち、二十一日には広島に到着した。ところがこの二十一日に慶喜は停戦の勅許を得てしまっている。それは、第一に慶喜は勝に期待をしていなかった、第二に勝の交渉内容に同意もしていなかったということである。このことは、「無血開城」の際に慶喜が恭順を決したとき、勝を「軍事取扱」に任じたのと同じである。薩長に顔の利く勝に臨時の肩書を与えてネゴシエーターを命じたが、別途山岡鉄舟を使者に派遣もしている。しかもこの鉄舟ルートが事態を解決したのである。勝としては鳶《とんび》に油揚げをさらわれた感じであるが、慶喜にすれば勝も何本かの矢の一本に過ぎない。このことは「無血開城」で詳しく述べる。

〈おれは少し考えがあって、一人の供をも召しつれず、小倉のはかまに木綿羽織で単身芸州（＊広島）までいった。ここには辻将曹がおって、万事親切に世話をしてくれ、長州との往復もいろいろ周旋してくれて、とうとう宮島において双方会談することになった。それでおれは例のとおりひとりで宮島へいこうとすると、辻は、「いかになんでもあんまりだ」といって、わざわざ二人の役人をつけてくれ、また舟まで周旋して向こうへ渡してくれた〉

『氷川清話』には語られていないが、宮島に渡る前の八月三十日に芸州藩の家老辻将曽が勝のところへ、二十一日に慶喜が得た勅許を見せにきた。それには「長州藩は侵略した地を引き払え」という内容が書かれており、これを長州が受け取れば激怒するであろうことが予測された。

幸いまだ長州にそれが届いていないことは分かっていたが、これが長州に届いたらどうなるかは容易に想像できたと思う。にもかかわらず勝はなぜそのまま交渉の場に臨んだのか不思議である。

〈かれこれするうちに長州から広沢兵助（＊真臣《さねおみ》）等、八人のものが使者としてやってきた。井上聞多（＊馨）そのころは春木強太郎といっておったが、それから長松幹なども この中に加わっていた。長州の方からはこのとおり多勢で堂々とやってきたのに、こっちでは木綿羽織に小倉はかまの小男の軍艦奉行が、たった一人控えているばかりだ〉

勝はいつも一人というが、本当に一人だったのだろうか。当時の慣習としては必ず複数で折衝するのが規則であったはずである。つまり目付である。そうでないと交渉内容が正しく復命されない懸念があるからである。にもかかわらず勝はいつも「一人で行った」という。目付がいても、交渉担当は自分一人という意味なのだろうか、話を面白くするために一人といっているのであろうか。もし本当に一人とすれば、そんなことをするから幕府から疑われるのである。今風にいえば極めて透明性に欠ける密室会談であろう。

〈談判といっても訳はなく、とっさの間にすんだのだ。まずおれはよくこちらの赤心をひらいて、「自分の始めからの意見はかくかくであった。貴藩においても、今日の場合、兄弟争いをしておるべきでないということはご承知であろう」という趣旨を述べた。すると広沢もよく合点して、「尊慮のあることころはかねてより承知していました」などいった。

そこでおれは断然、「私が帰京したら、ただちに貴藩の国境にある幕兵は一人も残らず引き上げるようにするから、貴藩においても、その機に乗じて、請願などととなえて多勢で押し上げることなどはけっしてないようにせられよ」といい放ったら、広沢も承諾の旨を答えて談判もこれで決着した〉

九月二日に宮島において会談は行なわれた。「訳はなく、とっさの間にすんだ」と簡単にいうが、実際は極めて難航した。勝は交渉では「赤心だ、至誠だ」といい、また「兄弟争っているときではない」といったが、そんなことで広沢たちは納得などしない。広沢からそれならさっさとそれを実行すればよいではないかと詰められ、勝は返答ができない。勝は日記に「彼が云《い》ふ処、悉《ことごと》く大節を持し、我が小吏之膏肓《こうこう》に当たる。ゆへに一小細事は悉記《しつき》する不能」と記している。広沢に押しまくられているのだ。やっと決まったのは、幕府軍が撤退するときに追撃しないということだけである。

それでも三日に広島に帰ると、先鋒総督紀州藩主徳川茂承《もちつぐ》は撤退したくて仕方がなかったので、撤退する幕府軍を長州が追撃しないという約束は喜ばれた。茂承は五日には軍を解き、六日には大坂に戻ってしまった。

〈（＊大坂に）帰ってみると、留守のうちに一体のようすはがらりと一変しておって、わざわざ宮島まで談判にいったおれの苦心も、なん役にもたたなかった。しかし、もしこのときの始末がおれの口から世間へ漏れようものなら、それこそ幕府の威信は全くなくなってしまうと思って、おれはつつしんで秘密を守って辞職を願い出た。するとある老中が中へはいって周旋してくれたために、軍艦操練専務の役でもって、とうとう江戸へ帰ることになった。しかし、これがために幕府の命脈もちょうど一年延びた勘定になった〉

京都に帰っても直ぐには慶喜に会えなかった。十二日にやっと会えて復命するが、「勝、大儀」の一言で、交渉結果については何も聞かれなかった。あとから御苦労料百両をもらっただけである。つまり慶喜が停戦の勅許を得てしまっているので、勝の派遣は無意味になってしまっていたのだ。勝自身「おれの苦心も、何の役にもたたなかった」と悔しがっている。

勝は「これがため幕府の命脈もちょうど一年延びた」といったが、果たして肯定的な意味なのであろうか。勝が口外しなかったから、幕府の威信は保たれ、そのため幕府の命脈が一年延びたといっているのであろう。とすれば勝のお陰で幕府の命脈は一年延びたといっていることになる。しかし、勝は、それが日本にプラスであったと思っているのであろうか。大政奉還の一年前のこの時点では、大久保一翁や松平春嶽も大政奉還すべきと考えており、慶喜すら「徳川の天下はもう終わりだから」自分は徳川家は継ぐが、将軍職は継ぎたくないとはっきりいっている。

〈こんなふうで、表面は長州の人を売った姿になったのだけれど、いくら恨まれても仕方がない。あとからかれこれいい訳などをするのは、おれの流儀でないからさ。

なに善後策はどうするつもりであったかと。それは訳もないことだ。おれが京都へ帰るとすぐに、長州へ向けて「貴藩こと今般朝廷に向かっての不穏の挙動はなはだ不届きに付き、閉門十日申し付ける」この一通の書き付けで事は足るのさ。おれの流儀はいつもこんな手軽なものだ〉

帰ってみると、長州は「侵掠とは何事だ、攻め込まれたので押し返しただけだ」といって停戦の勅命を受け取らない。長州は、勝が約束したとおりのことを幕府が実行するか見ているが、幕府はそのようなことを実行するつもりはない。長州は勝不信に陥っていた。それで勝は「長州の人を売った姿になったのだけれど、いくら恨まれても仕方がない」と嘆いているのである。〈それから双方覚え書きでも取り交わしたかと。なに、そんなものはありはしない。しかしこれはおれが一生の失策で、これがためにおれは幕府から嫌疑を受けたのだ。けれども西郷と品川で談判したときには、おれの流儀はうまく成功したよ。この始末は追々順をたてて、話すこととしよう〉

勝自身「一生の失策」と失敗を認めている。「西郷と品川で談判」は「うまく成功した」といっているが、勝は品川で「無血開城」の談判はしておらず、勝が行なった「降伏条件緩和の嘆願」は結果的には失敗であった。それも「無血開城」で詳述する。

この後、勝は「軍艦操練専務の役でもって、とうとう江戸へ帰ることになった」といっているように、十月一日に帰府命令が出て、江戸に帰るのである。江戸着は十月十六日。勝は第一線から退いたともいえるが、幕府としてはこの時期、幕府専制を強化しようとしていた。長州征伐もその一環であったのだ。前に書いた「フランス派」はそのために活動していたのである。したがってこの時期の勝の働きは、それとは関係なく、単に薩長に顔が利くゆえのネゴシエーター役であり、しかもあまり期待はされていなかった。そして失敗している。五月二十八日の軍艦奉行再任から十月一日の帰府命令までのおよそ四カ月は、表に出てきたとはいえ主流の役割ではなかった。しかし軍艦奉行を外された訳ではない。

この慶応二年十二月五日に慶喜が将軍に就任し、二十九日には孝明天皇が崩御されている。明けて慶応三年、慶喜は幕政改革に取り組むが、幕府は下り坂、薩長の倒幕活動は盛り上がり、十月大政奉還、十二月王政復古、そして慶応四年の鳥羽・伏見の戦いに繋がっていくのであるが、失脚中の勝はこの時期、蚊帳《かや》の外であった。

お雇い教師

〈要するに、外交上のことは、ずいぶん困難ではあるが、なにわれに一片の至誠と、断乎たる気骨さえあるなら、国威を宣揚することもけっしてむつかしくはない。それをこのごろの人たちは、公法学などをこねくって、朝鮮とか、シナとか、ロシアとか、英国とかいって、これを格別に見て、その貧富強弱によって、種々手加減をするから、やりそこないが多いばかりではない、経綸もまたきわめて小さくなるのだ。（中略）おれなどは、貧富強弱によって、国々を別々

に見るということはしないで、公平無私の眼をもって、世界の大勢上から観察を下して、その映って来るままにこれを断ずるのだ〉

幕府がオランダに注文した開陽丸という軍艦が完成し、慶応三年（一八六七）、留学生の榎本釜次郎（武揚《たけあき》）らを乗せ日本にやってきた。そのとき幕府はイギリスとオランダに二重の教師委嘱をしてしまって揉めていた。その面倒な交渉役にまた勝が担ぎ出された。このとき勝は「宮島会談」ののち帰府し、第一線から外れていたのだが、結果的にはオランダの教師に引き取ってもらうことで解決した。ここでも勝はネゴシエーターとしての本領を発揮している。これは数少ない成功例である。

さて、勝はこの二重の教師委嘱問題解決の交渉を「相手の貧富強弱によらず公平無私の眼をもって見なければいけない」と語っている。しかし、勝のいう基準で世界の大勢上から観察すると、オランダよりイギリスを選択することになるのであろうか。勝は、外交の秘訣を語ったところで、「明鏡止水」の極意を応用したと述べているが、こうした考えでの結論がイギリスなのであろうか。

勝は「海軍術はどこの国でも同じことで、海上で船を思うように動かし、大砲を撃って思う所に弾を当てることにつきる訳だから、教師はイギリスでもオランダでもかまわない」といっている。オランダは幕府の初めから付き合ってきた旧友であり、鎖国時代ずっと世話になった。今回も開陽丸の建造から、榎本ら留学生の教育でも恩義がある。小国オランダではなく大国イギリスを選んだのは「貧富強弱」によって判断したのではないのか。これからはオランダ語ではなく英語ということで決定したのか。過去の恩義などのしがらみに縛られず、断りやすい小国を蹴ったのが、「至誠」と「明鏡止水」の心での決断なのか。

どうも前段で主張している高邁な外交の極意とイギリスを選んだ理由とが結び付かない。約束の報酬の三年分（正しくは一年分）を支払うといったこと、あとで一同を築地のホテルへ連れて来て、酒肴《しゅこう》料として千両くれてやったら感謝されたことが語られているだけであって、なぜイギリスを選んだかには直接言及していない。

蛇足ながら、英蘭との交渉を命じられたとき、交渉次第では勝一人オランダまで派遣される含みがあった。勝部真長氏は、

「もしオランダ出張が実現していたら、この時点から九カ月先に起こる江戸城総攻撃にあたって、西郷の相手をするのに勝は間に合わなかったかもしれないのである。そうなったら歴史の展開はまた変わっていたかも知れない」（『勝海舟』）

と書いているが、「心配ご無用!」、勝がいなくても歴史は変わらなかった。なぜなら「江戸無血開城」は鉄舟と西郷とで実現したのであり、勝はその実現には重要な役割は果たしていないからである。詳しくは「江戸無血開城」で述べる。

灯台設置

〈何年だったか、幕府に伊豆の下田と相模の観音崎と、そのほか（＊房総半島など）二か所ばかりへ、灯明台を設けようという議があった。幕府は役人を英、米、仏三国の軍艦へ派遣して、このことに関する相談をさせようとしたけれども、役人どもが饗応の費用をおしみなどして、三国の軍人をうまく待遇せぬから、彼らも不平で、キャプテンは一人も相談にこない。役人も余儀なく帰ってきたが、また他の一人を派遣しても同様であった。

そこで、幕府にも協議のうえ、とうとうおれをだすことになって、夜中に使者を、おれの宿へよこして、この談判を命ぜられた。

おれはすぐに出ていって、まず費用を少しも惜しまず、第一等のご馳走を出し、その上に、自分はわざわざ彼らの船へ挨拶に行ったものだから、彼らもすこぶる満足して、早速おれの船へ来て答礼をした。それから約束どおり彼らとおれの船に会して、灯台設備の商談をとげたが、さてここに困ったのは、彼らがその夜、おれの船へ泊まるというのに、三人のところへ、上等の寝室が、二つよりなかった一条だ。

当時英国の艦長は、テッピヨルドとかいって、年は若いが、セバストポールの戦いに功があったから、この身分になったという人だ。米国のはコルドズバラといって、六十余りの老人で、仏国のもこれと同じ年輩の某だった。

さて、まえにいったとおり上等の寝室は、わずか二つで、その他は、下士官の寝るべき階下の室ばかりだから、おれがもしあくまで威厳を保って、上等室に寝るとすれば、三人の中の一人は、ぜひとも下士の室に寝させねばならぬ。米国のと仏国のとは老人で、英国のが若いからといっても、彼も英国政府から、わざわざ東洋に派遣せられ、とにかく英国を代表している人だから、他の老人たちと優劣をつけるわけにはいかない。かつは不公平なことでもすると、彼らの感情を害して、この商談が破れるかもしれないものだから、おれも断然決心して、三人の者に向かい、「拙者は腹蔵なく申し上げるが、実はこの船の寝室、かくかくの次第なれども、君らのうち一人を下士の室に導くということもできぬにより、主人たる拙者は、下士官室に寝るゆえ、賓客たる君らは、上室二つの中に寝られよ」といったら、彼らもおれに腹蔵のないのを感心して、「そのご心配には及ばぬものを」といって、おれの厚遇を謝した〉

当初役人が費用をケチって失敗したため、さらに他の一人を派遣してもだめだったので、勝を出すことになった、と語っている。ネゴシエーターとして引っ張り出されたというお決まりのパターンである。勝の前の交渉役というのは、艦長の肥田浜五郎で、咸臨丸で渡米した勝の仲間である。マナーを守らず応接に無礼があったようである。

この灯台設置は、下関砲撃事件の賠償金として日本が支払う金（年間五十万ドル）の一部を日本の沿岸の灯台建設に充ててはどうかという、イギリス公使パークスの提案によるものである。それで慶応三年（一八六七）十月十四日、房州に灯台建設地選定のため、英米仏三国の艦長を連れて富士山艦で横浜を出帆したのであった。ところが昼ごろ、半島先端辺りで暴風になり館山《たてやま》に戻り上陸し、ここで一夜を明かした。

翌十五日には天気が穏やかになり館山を出帆したが、再び暴風に見舞われ、沈没するか座礁するかという騒ぎにまでなり、館山に引き返した。外国人の艦長たちは候補地布良まで陸行しようといい出したが、馬がない。仕方なく徒歩で布良まで風雨の中を強行し、たどり着いたはいいが、宿泊場所も食べる物もない。布良から館山への帰路は疲労しているから馬でなければ無理というが、その馬もない。連日の嵐で魚もなく、食料を船まで取りに行かせようとしたが、四、五里もあって間に合わない。薩摩芋と卵だけで我慢し、とりあえず村から夜具を探させ、やっと一眠りした。

翌十六日、ようやく船から食料が届いたので朝食をし、布良の灯台建設候補地を見定めた。途中土地の人間が群がってきて「唐人、唐人！」とはやし立てるので、艦長らは憤慨し、勝は双方をなだめるのに苦労した。そうこうするうち館山から四頭の馬がやってきたので、艦長ら三人を馬に乗せたが、一頭は老馬なので、勝と士官たちは相変わらず徒歩を続け、やっと帰船した。以上のような苦労話が勝部真長氏の『勝海舟』に載っている。

余談ながら、布良海岸の素晴らしさを聞いていた明治の天才画家青木繁は、恋人たねや友人たちと布良にやってきた。そしてわずか二カ月の滞在で、あの代表作「海の幸」を描き上げた。これが「白馬会展」に出品されると、注目を集め、青木の名は天下に轟くようになる。しかし天才芸術家によくある奔放な性格が禍《わざわい》する。実生活を顧みず、放浪の末、胸を患い、二十八年の短い生涯を閉じた。「海の幸」は重要文化財として、ブリヂストン美術館に収蔵されている。なお「めら」の表記は、現在は「布良」だが、「女良」とも書いたようである。恋人たねが描いた画にも「女良の思い出」「五十年前の布良」(「青木繁『海の幸』記念館」所蔵)と一定しない。ちなみに、青木と恋人たねの子が音楽家の福田蘭童、孫がクレージーキャッツの石橋エータローである。

さて話を本筋に戻して、もっと重要なことを述べる。引用の冒頭で、勝は「何年だったか」といっているが、これは慶応三年（一八六七）である。富士山艦が横浜を出帆した日は前記のとおり十月十四日である。「慶応三年十月十四日」、これは何の日か。そう「大政奉還」の日なのである。十四日に徳川慶喜は明治天皇に政権返上を奏上し、翌十五日に天皇がその奏上を勅許したのである。この明治維新の歴史的転換点の日に、勝海舟はどこで、何をしていたのか。

次は架空劇場。

慶喜「安房、この徳川家危急存亡の秋《とき》、どこで何をしておったのか！」
海舟「はい上様、拙者は『安房守』ですから、『安房』に行っておりましたが、何か？」
慶喜「バカモン、冗談をいっている場合か！」
あまりの慶喜の剣幕にアワの守、アワを喰って退出したとか。

冗談ではないのである。これは極めて重要なポイントなのだ。明治維新の立役者のように思われている勝は、実は明治維新の中心にはいなかったのである。「会薩調停」「宮島会談」のあと一年少々、閑居していたのである。「軍艦奉行」の肩書は残されたが、「お雇い教師」やら「灯台設置」のような雑用をさせられていたのである。松浦玲氏も勝について自著『勝海舟』の「序章」で次のように評している。

「ただし徳川の世に於て、海舟は常に第一線の当局者であったわけではない。初めは微禄無役の御家人、蘭学修行を認められて次第に地位が昇って来ても傍系官僚の軍艦奉行にとどまり、政権の中枢部には入れなかった。軍艦奉行を罷免されて閑居した時期も長い。本当に切回したのは、鳥羽伏見の敗戦で徳川慶喜が東帰してからである。つまり幕府が倒れると決まってから、その後始末について手腕を発揮したのだった。そういうことを全部含めての『我が末の世』である。幕府はもう保《も》たないと、他の幕臣よりも早めに見極めをつけており、それなりに手を打ってあった。だから幕府の後始末を担当することができた」

さすが松浦玲氏である。この短い文章の中に勝海舟を見事にいい表わしている。筆者もただ一点を除いては同感である。その一点とは「本当に切回したのは、鳥羽伏見の敗戦で徳川慶喜が東帰してからである」という箇所だ。最後の部分で「幕府の後始末を担当」したのは事実であるが、慶喜東帰後も、「本当に切回し」てはいない。どうしようもなく手を拱《こまね》いていたところ、山岡鉄舟が解決してくれたので、それこそその「後始末を担当」できたのである。

大政奉還論

〈おれなどは、一つの方法でいけないと思ったら、さらに他の方法を求めるというふうに、議論よりはとにかく実行でもって国家に尽くすのだ。

毎度いうことだが、かの大政奉還の計を立てたのも、つまりこの精神からだ。しかしながら実際おれの精神を了解して、この間の消息に通じていたのは、西郷一人だったよ〉

これを読んだ方々はどう思うであろうか。「かの大政奉還の計画を立てたのも」といえば、勝が大政奉還の計画を立てたと思うであろう。

もう一つ、大政奉還に触れている箇所がある。

〈かれこれするうちに、慶喜公が将軍になられたから、英五郎（＊正しくは栄五郎）は再び登用せられて、参与になって、またも枢機にあずかることになったが、あの大政奉還の上表文は、たれが書いたかよく覚えぬが、政権返上ののちに将軍は謹慎の身となられた。それについての上表文は、たしかに英五郎が書いたのだ。そののち将軍からだした上表の類《たぐい》も、たいていは英五郎の手になったということだ〉

「あの大政奉還の上表文は、たれが書いたかよく覚えぬが」と勝自身が述べているように、少なくとも勝が書いたのではない。勝は栄五郎（向山黄村《むこうやまこうそん》）が書いたといっている。しかしこれは誤りで、向山は慶応三年（一八六七）一月にパリ万国博覧会に派遣された徳川昭武に随行していて、大政奉還時、日本にはいなかった。派遣団一行は大政奉還をパリで知ったのである。

いずれにしても「大政奉還」は勝が考え進めたものではない。土佐藩の後藤象二郎が前藩主山内容堂を説き、慶応三年（一八六七）十月三日、将軍徳川慶喜に建白した。これを受け慶喜は十月月十四日に政権返上を天皇に上奏し、翌十五日に天皇が奏上を勅許。ここに至るにはいろいろ曲折があるがここでは割愛する。

だがいいたいのは、大政奉還は勝がいい出したのではない、ということである。初めていい出したのは後藤象二郎という訳でもない。後藤は、坂本龍馬の船中八策に大きな影響を受けたといわれるが、この船中八策についても諸説あり、坂本龍馬については虚説が多く信頼できない史料が多いので、なるべく触れないことにする。

それでは誰が最初に政権返上をいい出したのか。それは幕臣大久保一翁である。文久二年（一八六二）七月、大久保は将軍家茂に御側御用取次として仕えた。十月二十日、大久保は政治総裁職の松平春嶽とその政治顧問横井小楠との談話中に、春嶽より、「朝廷から攘夷決行を促す勅諚が来ているが、どう対処すべきか」と聞かれた。大久保は「攘夷は国家のためにならないことを伝え、それでもなお朝廷が攘夷にこだわるのであるなら、徳川家は政権を奉還し、家康公の旧領駿、遠、三の三国を請い受け、一大名の地位に降りることにより、今後の天下のことは分からないが、徳川の美名を残すことができる」と答えた。三河以来の旗本が答えただけに、春嶽も小楠も唖然とした。このことは、明治に入って春嶽が書き残した回想録『逸事史補』で二回、『閑窓秉筆《かんそうへいひつ》』に一回、取り上げられている。春嶽はよほどショックだったようである。

ところがこの話が漏れ、側用人の分際でとんでもないことをいうと、一カ月も経たないうちに大久保は講武所奉行に左遷されてしまった。これは文久二年（一八六二）、何と大政奉還の五年も前の話である。その後、大久保は復活して、最後まで徳川家のために尽くしている。勝はこうした大久保の先見的な考えまで、自分が考え出したかの如くいいふらしている。勝はやはり大久保については多くを語りたがらない。敬遠しているのであろう。大久保が亡くなったのは山岡鉄舟が亡くなったわずか十二日後である。徳川の家名存続に尽力した大久保一翁と山岡鉄舟はほぼ同時に仲良くこの世を去ったが、その後、十一年も長生きした勝海舟は、死人に口なしをいいことに、二人の功績を自分のものと吹聴しているのである。

〈山岡鉄舟も、大久保一翁も、ともに熱性で、切迫の方だったから、かわいそうにわか死にをした。おれはただずるいから、こんなに長生きしとるのさ〉

鉄舟の方は豪放磊落なところはあるが、両者とも決して「熱性」ではない。特に大久保などは冷静沈着であった。また大久保が没したのは七十二歳で、勝の七十七歳に比べれば若干早いが、決して「わか死に」ではない。鉄舟も五十三歳で、当時としては「わか死に」とはいえない。いえているのは勝が「おれはただずるいから、こんなに長生きしとるのさ」だけである。しっかりと自覚しているではないか。

逃げ帰った五人

〈それで引込んでいると春になって、正月の何日（＊十一日）であったか、急に海軍局の奴が来て、軍艦が帰って来ました、どなたか知れないが、大切のお方がお着きになったというので、たいそう騒いでいます〉

慶応四年（一八六八）一月十一日、鳥羽・伏見の戦いに敗れ、慶喜が江戸に逃げ帰ってきたときの様子を『海舟座談』でこう語っている。

次の一節は、仙台藩士小野清が大正十五年（一九二六）に出版した『徳川制度史料』に書き示したものである。

「正月十二日巳《み》の刻（＊午前十時）頃、八代洲河岸《やよすがし》林大学頭の楊溝塾を出て、芝口仙台藩邸（＊汐留辺り）に行く。幸橋門（＊新橋第一ホテル辺り）に至れば、武家六騎門内に入り来る。

近寄りて見れば、その先駆者は知り合いの㋐〇〇〇〇なり。これに継ぐところの五騎は、いずれも裏金陣笠、錦の筒袖、小袴の服装なり。とりわけ、その第二騎の金梨子地鞘《きんなしじさや》、金紋拵《きんもんこしらえ》の太刀を佩《は》きたる風貌、すこぶる注目せらる。六騎徐々馬を駆りて西丸を指して行く。予、路傍に立ち、目送これを久しうす。

後に知る。これ、②〇〇〇〇。六日夜大坂天保山沖にて開陽艦に乗じて東帰し、遠州灘にて台風にあい、黒潮付近まで航して今暁浜館（＊浜離宮）に上陸し、今、㋐〇〇〇〇に迎えられ江戸城に還入するものなることを。

しかしてその六騎なる者、曰く、先駆・出迎者㋐〇〇〇〇、これに継ぐところの五騎の第一、①〇〇〇〇。第二、②〇〇〇〇。第三、③〇〇〇〇。第四、④〇〇〇〇。第五、⑤〇〇〇〇なり。勝安房守義邦は、㋐〇〇〇〇浜館に先発せしのち、西丸大手門外下乗橋に出て、ここに公一行を迎うという。

武家治世の終焉に遭遇し、東帰して江戸城に入る前将軍と幕僚をこの目で見たことは、じつに千載一遇のことで、一人無限の感に打たれた」

さて大坂城から夜陰に紛れて船で江戸に逃げ帰った五名①～⑤とは誰であろうか。そしてそれを先導する㋐「先駆者」は誰か。以下を読む前に役職も含めて考えてみていただきたい。

㋐先駆・出迎者だけここで解答を述べておくと、「山岡鉄太郎」、鉄舟である。つまり鉄舟はそのおよそ二カ月後に、徳川慶喜に呼び出されて駿府の西郷に談判に行くよう命令されるが、実はその前に慶喜に会っているということである。これを前提に考えれば、幕末時において鉄舟は幕府内で相当知られた人物になっていたと判断できる上に、従来からいわれている、上野・寛永寺に謹慎蟄居した慶喜から鉄舟が駿府行きを命じられた際、初めて慶喜と接点が生じたという通説、これを覆すことになる非常に興味深いものである。

さて、鳥羽・伏見の戦いから江戸に逃げ帰った①〜⑤は誰か。以下はその解答である（原文はカッコ書きのように書かれている）。

①松平容保（前京都守護職会津藩主、松平肥後守容保）
②徳川慶喜（前大将軍徳川内大臣、慶喜公）
③松平定敬（前所司代桑名藩主、松平越中守定敬）
④板倉勝静（老中松山藩主、板倉伊賀守勝静）
⑤小笠原長行（老中唐津藩主、小笠原壱岐守長行）

どうですか、分かりましたか。馬鹿にするなとおっしゃる方は、幕末史に相当詳しい方とお見受けする。

では、五人の名は何と読むか。まず「徳川慶喜」から始めよう。「よしのぶ」に決まっているだろう、といわれる方、何を根拠にそういわれるのか。教科書に書いてある、小説に書いてある、ではダメである。そんなものは当てにならない。学問的に追究するには確実な史料が必要である。例えば戸籍謄本とか。このころ戸籍謄本などなかったではないか、とおっしゃる方、戸籍謄本があっても、何と読むかは分からない。なぜなら戸籍謄本には読み方は書いてないからである。前置きが長過ぎたが、正解は分からないということである。そもそも「慶喜」は時の将軍家慶《いえよし》の一字を与えられた諱《いみな》である。したがって「よし○○」と読んだであろうことは確かであるが、そのときの記録に読み方は残っていない。「よしのぶ」と「よしひさ」の二説がある。周囲は決して「よし○○様」などとは呼ばない。一橋家の当主のときは「一橋殿」、将軍を継いでからは「上様」であったであろう。もしこの諱を呼ぶ者がいたとすれば実父の水戸斉昭くらいであろう。「ヨシノブ、ちょっとこっち来い！」とか。ただ幕府の公文書に慶喜自身のアルファベットの署名「Ｙｏｓｈｉｈｉｓａ」が残っている。また明治時代になってからは本人は「けいき」を呼ばれることを好んだといわれている。有名な人物だから皆「慶喜」を「よしのぶ」と読むが、「喜」を「のぶ」などと読めない。もちろん「ひさ」とも読めない。

あの西郷隆盛も「隆盛」は間違いで、正しくは「隆永」であった。皆「吉之助さあ」と呼んでいるから、誰も本名など知らない。明治になって国許《くにもと》で名前を届ける際、本人は東京にいるので、友人が代わりに届けたときに間違えてしまった。正しくは「隆永」であるのだが、これを「リュウエイ」と読まず、確か「リュウセイ」だったかな、というので「隆盛」と書いた。それで「タカモリ」になってしまった。弟の「西郷従道」も間違いである。役場で「お名前は？」と聞かれ、「『リュウドウ』（隆道）でごわす」と答えた。役場の係員がこれを「ジュウドウ」と聞き違え、「従道」と書いて、本人に見せ、「これでよかですか？」と確認すると、「よか、よか、ワッハッハ」で、「隆道」が「従道」に間違って登録されてしまった。兄弟であるから「隆永」「隆道」と二人とも「隆」の字が付くはずだった。ただ「従道」を「つぐみち」とふりがなを付けるのは間違いである。まあ、当時はかなりいい加減だったのでゴワショウナ、ワッハッハ。

「松平容保」は「まつだいら・かたもり」である。これだって有名だから多くの人は正しく読めるが、そうでなければ「容保」を「かたもり」などと読めない。その点「慶喜」が「よしのぶ」「よしひさ」と読めないのと共通している。

「松平定敬」は「まつだいら・さだあき」である。「さだたか」ではない。これだって読めない。

「板倉勝静」は「いたくら・かつきよ」である。最後の一字は「清」ではない。「静」である。これを「きよ」と読む。

「小笠原長行」は「おがさわら・ながみち」である。「ながゆき」と読んではいけない。

では彼らのうち、主戦論者、和平論者は誰か。箱館・五稜郭まで行き新政府軍と戦ったのは誰か。

まず、主戦論者は慶喜以外全員である。和平論者は慶喜一人だけ。

次に、最後まで抗戦し、箱館で戦ったのは、松平定敬、板倉勝静、小笠原長行の三人である。行かなかったのは、慶喜はもちろんだが、もう一人は会津戦争で降伏した会津藩主松平容保である。

なんで彼らは、こんな常識では読めない読み方をするのであろうか。以下は徳川方の有名人である。読めますか。

①水野忠徳
②岩瀬忠震
③小栗上野介忠順
④和宮

①「みずの・ただのり」
②「いわせ・ただなり」
③「おぐり・こうずけのすけ・ただまさ」
④「かずのみや」

①〜③は「幕末三俊」と呼ばれた、いずれも優れた幕臣である。

さて③の「上野介」はなぜ「こうずけのすけ」と読むのであろうか。吉良上野介もいるし、現在の群馬県は昔「こうずけ」と呼ばれたので割合に誰でも読める。しかしなぜ「上野」が「こうずけ」なのか。そのお隣の栃木県が昔「下野」であった。こちらも「しも」は分かるが、全体でなぜ「しもつけ」なのか。実はこの二国は「毛野国《けのくに》」と呼ばれていた。「毛野」とは作物がよく実る豊な土地という意味である。「不毛」とは作物が実らないという意味である。そしてこれを二カ国に分けた。京都に近い方が「上」、遠い方が「下」である。「上総」「下総」も同じである。さて「毛野」であるが、都に近い方は「上つ毛野」、遠いほうは「下つ毛野」であった。「つ」は「の」という意味である。「上つ毛野」は「かみつけの」と読んだが、訛《なま》って「こうづけの」となり、「の」が取れて「こうづけ」になった。「下つ毛野」も「しもつけの」の「の」が取れて「しもつけ」。ところが表記の方は「野」が残り、「つ」と「毛」が取れて、「上野」「下野」となった。ややこしいので整理すると次のとおりである。

上毛野 → 上野（カミツケノ → カミツケ → コウヅケ）
下毛野 → 下野（シモツケノ → シモツケ）

ところで、鉄道の路線には、旧国名を一字ずつ取っているものが多い。例えば「信越線」は「信州と越後」を結ぶ。九州の「肥薩線」は「肥後と薩摩」、四国の「土讃線」は「土佐と讃岐」である。群馬県新前橋駅と栃木県小山駅とを結ぶJR東日本の路線がある。これを「両毛線」と呼ぶ。なぜかはもうお分かりであろう。

最後の④「和宮」は何と読むか。そう「かずのみや」である。こんなもの子供でも読めるとおっしゃるかも知れない。しかし「和」をなぜ「かず」を読むのか。改めて考えてみると不思議ではないか。「源頼朝」は誰でも「よりとも」と読むが、なぜ「朝」が「とも」なのか。「菅原道真」は誰もが「みちざね」と読むが、なぜ「真」が「さ（ざ）ね」なのか。実はこれらは「名乗り読み」といい、名前に付けるときの読み方なのである。したがって本来の漢字にはこうした読み方はない。「和」を「かず」と読むのは「数」という意味だからで、それは「和」が足し算の答というところから来ている。引き算の答は「差」。同じように「一」を「かず」と読むのも「一」が「数」の始まりだからで、「一男」は「かずお」と読む。

江戸時代に『韻鏡名乗字大全《いんきようなのりじたいぜん》』というロングセラーの命名事典があった。例えば子供の名前に「イエ」という漢字を使いたいとき、どんな漢字があるかを調べるための事典である。「家・宅・舎・屋」などが載っている。現代でも役立ち、復刊すれば売れるのではないか。最近の男の子の名前第一位は「大翔」で読み方は「ひろと、やまと、はると、まさと、たいが、つばさ、たいし、だいと」。女の子の一位は「葵」で「あおい、めい」と読み、こちらは大翔より少ない。最近先生が読めない名前が多いそうだが、これは現代に限ったことではない。先の問題を思い出していただけば分かるように、江戸時代にも先生は同様な悩みを抱えていた。本居宣長はその著書『玉勝間』に「近きころの名はあやしき訓ありていかにもよみがたきぞ多く見ゆる」と書き、自著『授業門人姓名録』に次のような例を載せている。

毎敏（つねとし）、舎栄（いへよし）、信満（さねまろ）、美臣（よしを）、政要（まさとし）、将聴（まさあきら）……

ちなみに最近の変わった名前には、

星（きらら）、月（るな）、騎士（ないと）、希彩（のあ）、大賀寿（たいがーす）、理寿夢（りずむ）、夢民（むうみん）……

などというのがあるそうである。まあ自分の子に付ける名前だから親の勝手ともいえるが、あまり奇妙な名を付けるのはどうかとも思う。漢字の表面のイメージで付けたらとんでもない意味というのもある。例えば「朓」。「月」の「光」でロマンチックと思うかも知れないが、意味は「小便袋」すなわち「膀胱」という意味である。また「腥」も「月」と「星」で美しそうだが、実は「生臭い」という意味なのだ。この「月」は「にくづき」といって「肉」の意味である。だから「胸・腰・腕」など体に関係する漢字には「月」が付いているのだ。「moon」の「月」は「つきへん」だが、「つきへん」の常用漢字は「服・朕」の二字しかない。これらはあまり「moon」と関係がなさそうである。もっとも「魚」（うおへん）の常用漢字にも「魚《さかな》」は一つもないが。漢和辞典を見ると「鮮・鯨」の二字しか載っていない。「鯉・鮎・鯛・鯖・鰹・鮪」などは皆、常用漢字ではない。もっとも「朓」も「腥」も「人名用漢字」ではなく、もちろん「常用漢字」でもないので、名前に付けることはできない。

幕末には読めない以前に普段見慣れない漢字の名前も多い。クイズの続きだが、次は何と読むか。

①井伊直弼
②川路聖謨
③有栖川熾仁

①は安政の大獄の「いい・なおすけ」で、女大名「直虎」の子孫である。誰でも読めるであろうが、「弼」など他にあまり見ない。

②の「聖謨」は「としあきら」だが、この「謨」もあまり見かけない漢字である。幕臣で要職を歴任し、ロシアとの外交で活躍したが、井伊直弼に左遷された。江戸総攻撃予定日の三月十五日、滅びゆく幕府に殉じピストルで自殺した。中風により半身不随であったため腹を切れなかったからだそうだ。

③は「ありすがわ・たるひと」であるが、東征軍の大総督であった。この「熾」も珍しい漢字である。

これら「弼」「謨」「熾」はいずれも現在、人名に使うことはできない。では名前に使用できるのはどんな漢字か。戸籍法第五十条には次のように規定されている。

第一項　子の名には常用平易な文字を用いなければならない。
第二項　常用平易な文字の範囲は、法務省令でこれを定める。

として、この法務省令（戸籍法施行規則）にその範囲が示してある。要は「常用漢字」「人名用漢字」と「片かな・平がな」である。ならば簡単と思うだろうが、なかなかそう単純ではない。

こんな話もある。平成十五年（二〇〇三）六月二十三日の産経新聞に「子供の名前、曽ＯＫ」という見出しの記事が載っていた。「曽」の字を使った子供の名前を「常用漢字」でも「人名用漢字」でもないという理由で役所が受理しなかったため、親が訴訟を起こした。親は「曽」は戸籍法が定める「常用平易」な文字ではないか、といって訴え、札幌高裁で勝訴したのである。そこで法務省は翌年の二月に「曽」を「人名用漢字」に追加した。その後、何があったのか六月には「獅」の字を追加した。さらに七月には「毘・瀧・駕」の三字が追加された。想像だが、それならこの字も入れろと、あちらこちらからうるさくいってきたのではないだろうか。時の法務大臣（誰かは知らないが）が、とうとう頭に来て、部下を怒鳴りつけた。「こんな風に、いわれるままに五月雨《さみだれ》式にぽろぽろ追加しては、法務省の沽券《こけん》に関わるではないか。裁判所は法務省の管轄だろうが、どっちの味方なのか。クソッ！　こうなったら面倒だ、『糞』でも何でもいいから手当たり次第追加しちまえ！」といったとか、いわなかったとか。いわれた役人は大慌てで、面従腹背こそが役人の座右の銘とばかり、二カ月後の九月には四百八十八字を追加してしまった。しかしお役人というのは頭がいい。実は「曽」が裁判で負けそうだ、という情報を得ると直ぐに大幅な追加を内部で検討していたようだ。しかも当初案には、正に「糞」という字も含まれていたが、さすがにこれは拙《まず》いというので、外した。ひどいもので当初は「糞」だけでなく「屍・癌・痔・姦・淫」なども含まれていたのだ。当然筆者はこうした漢字を追加することには反対である。

だが「人名用漢字」には旧字体と新字体の両方を認めている漢字もある。例えば「曽」と「曾」である。これはどちらも「人名用漢字」に入れられた。ところがである。筆者の名前の「靖」は人名用漢字にない。あるのは「靖」である。旁《つくり》の下部が前者は「円」で後者は「月」である。ところが新たに追加された「錆」という字は「円」であり、「月」はない。「錆」が追加されたときは筆者もおかしいと思い、法務省に「靖」だけでなく「円」の「靖」も入れるように依頼した。もう十年以上経ったが未だに何の回答もない。漢字の管理は文科省であるが、ここの「常用漢字」の担当官は頑なで、なかなか増やそうとしない。

実は平成二十二年（二〇一〇）に「鬱」など百九十六字が追加（五字削除）されたので、文科省に、学校教育では「読み書きが必要な漢字」と「読めればよい漢字」に分けたらどうかと提案した。例えば「鬱」などは熟語も多く、読める必要はあるが、書けなくても済むはずである。社会人でも書ける人は少ないが、パソコンや電子辞書の時代、それによって困っている人はいない、と述べた。これも未だに改善されたという返事は来ていない。ただそのとき担当官は、書くのはもっと上の学年でよいという漢字はある、というようなことはいっていた。もう一つＪＩＳ漢字というのがあり、経済界ではどんな漢字でも使えるように幅広く取り入れている。もちろん経産省の担当である。役所は縦割り行政で、相互の意見交換など考えたこともなさそうである。頑固な文科省、整合性・計画性のない法務省、何でもホイホイの安易な経産省。

かなり勝海舟、幕末維新史から遠い所に紛れ込んでしまったので話を元に戻そう。勝海舟の幼名はご存知「麟太郎」である。この「麟」は、ビールの「麒麟」の「麟」である。ところが、勝の父親は知らなかったろうが、「麒」は雄で、「麟」は雌である。ある知人から孫に「りん太郎」と付けたいが「りん」は「麟」でよいかと相談され、男の子だから雌の「麟」は止めた方がよいとアドバイスしたら、「凛太郎」と命名した。

第三章　江戸無血開城

「無血開城」は明治維新の、そして「戊辰戦争」のハイライトであり、『氷川清話』にはこれに直接関係する記述が数カ所ある。その部分を全文引用しつつ、歴史資料に基づき、主観を交えず、その実体がいかなるものであったか、そして『氷川清話』にどのように書かれ、また一般に流布している定説・俗説がどのように誤っているかを解明する。

「無血開城」は芝居にたとえれば三幕ある。

第一幕は、山岡鉄舟が駿府まで行き西郷隆盛と会い、「無血開城」を実質決定した談判で、これを「駿府談判」と呼ぶことにする。

第二幕は、西郷と勝海舟の、江戸薩摩藩邸において降伏条件の復活折衝をした会談で、これを「江戸会談」ということにする。

第三幕は、西郷が京都に戻り朝廷において強硬派を説得し、「無血開城」を正式に決定した朝議であり、これを「京都朝議」と名付ける。

それでは第一幕「駿府談判」の始まり始まり～！

〈さきにも見た草稿にもあるとおりだ。この東京が何事もなく、百万の市民が殺されもせずにすんだのは実に西郷の力で、その後を引き受けて、このとおり繁昌する基《もと》を開いたのは、実に大久保の功だ。それゆえにこの二人のことをわれわれはけっして忘れてはならない。

あのとき、おれはこの罪もない百万の生霊（＊人民）をいかにしようかということに、一番苦心したのだが、しかし、もはやこうなってはしかたがない。ただ至誠をもって利害を官軍に説くばかりだ。官軍がもしそれを聴いてくれねば、それは官軍が悪いので、おれの方には少しも曲がったところがないのだから、その場合には、花々しく最後の一戦をやるばかりだと、こう決心した。

それで山岡鉄太郎が静岡へ行って、西郷に会うというから、おれは一通の手紙をあずけて西郷へ送った。山岡という男は、名前ばかりはかねて聞いたが、会ったのはこのときが初めてだった。それも大久保一翁などが、山岡はおれを殺す考えだから用心せよといって、ちょっとも会わせなかったのだが、この時の面会は、その後十数年間莫逆の交わり（＊非常に親しい付き合い）を結ぶもとになった〉

「江戸無血開城」の交渉は、慶応四年（一八六八）三月五日、山岡鉄舟が勝海舟を訪ねてきたこの部分が始まりである。

ここには何が述べられているか。詳しくはあとで述べるが、ここで注意すべきは、この三月五日の時点で「官軍に至誠を説くが、聞いてくれなければ戦うしかない」と自らいっているように、勝には打つ手がなかったということである。このままであれば、西郷が先行して江戸に来ることもなく、十五日には三道から江戸に進軍してきた東征軍が雪崩を打って江戸城に総攻撃をかけてくるところであった。解明すべきは、この間に何があったと史料は語っているのかである。

第一の史料は、鉄舟が書いた『慶應戊辰三月駿府大總督府に於て西郷隆盛氏と談判筆記』（以後『談判筆記』と略す）である。これを書いた経緯はのちに詳しく解説するが、とりあえずその内容を検討する（少々長いので、ハイライトである西郷隆盛との談判の会話部分だけを全文記載し、その他の部分は要約して紹介する。そのままでは文語体であるため口語体に訳すが、内容は飽くまで原文どおり、ただし会話部分は分かりやすく調整した）。

山岡鉄舟

「戊辰の年、官軍側が我が主徳川慶喜を征討しようというとき、官軍と徳川の間が途絶していて、これを解決する道がなくなってしまっていた。家臣たちの議論は紛糾し、官軍に抵抗しようという者もあれば、脱走して事を計ろうとする者もあり、その混乱ぶりは言語に尽くせないほどであった。旧主徳川慶喜は、朝廷に対しては、全く偽りのない真心をもって恭順謹慎しており、家臣等にも恭順を厳守するよう達した。私（＊鉄舟）は慶喜に、謹慎とは偽りではないか、何か企みでもあるのではないか、と尋ねたところ、慶喜はどんなことがあっても朝命には決して背かないという。それが真実であるならば、私はその気持ちをきっと朝廷に伝え、朝廷の疑念を払ってみせます。私の目の黒いうちは、ご心配致しますな、と述べた。

そして、死を決して大総督宮へ慶喜の衷情《ちゅうじょう》を言上するつもりで、一、二の重臣に謀ったが、それは不可能だといって賛成しない。そこで軍事総裁の勝安房守が、前から知己であった訳ではないが、胆略あると聞いていたので、相談に行った。ところが私が粗暴であるという評判を聞いて、かねて不信の念を抱いていた勝は『お前はどうやって官軍の営中に行くのか』と問う。私は『官軍の営中に行けば、斬られるか捕縛されるでしょう。そのとき私は抵抗せず、相手のするに任せます。斬ろうとするなら、私の主旨を一言大総督宮に言上します。しかし、敵とはいえ、理由もなくいきなり斬りはしないでしょう。何も難しいことではありません』と答えた。勝は私の精神不動の様子を見て納得し、私の希望に任せた。

薩摩の益満《ますみつ》休之助がやってきて同行したいというので、承知し、直ちに駿府に急行した。行く先々で官軍先鋒の銃隊に出くわしたが、中央を突破して行ったところ、誰も止める者はなかった。隊長の宿営と思われる家があったので、案内も請わずに立ち入り、隊長らしき人に『朝敵徳川慶喜家来、山岡鉄太郎、大総督府へ通る』と大音声で断ると、誰も咎《とが》める者はなかった。さらに行くと長州の隊がいたので、益満を先にして、薩摩藩と名乗って先を急いだ。小田原あたりに着くと江戸の方で兵端が開かれたという噂で、尋ねると甲州勝沼あたりという。近藤勇であろうと思った。

昼夜兼行で駿府に到着し、城下の伝馬町の某家を本営とする大総督府を訪ね、大総督府下参謀の西郷吉之助に面会を申し込む。直ぐに西郷氏と対面した。以前より西郷氏の名は聞いていたが面識はなかった。西郷氏に尋ねた。

鉄舟『先生、このたびの朝敵征討のご主旨は、是非を問わずに進撃することですか。我が徳川家にも多数の兵士がおり、是非にかかわらず進軍するとなれば、いくら主人徳川慶喜が東叡山菩提寺に恭順謹慎し、家臣たちを説得したとしても、ついには抑えきれなくなり、朝廷の意思に背く者や、脱走して反逆する者が多く出てきます。そうなるといかに主人徳川慶喜が衷心より朝廷への忠誠を重んじても、それが朝廷に届かなくなります。それゆえ私は、そのことを案じ、大総督宮にこのような事情を言上し、慶喜の真心をお伝えするため、こうして参ったのです』

西郷『すでに甲州で兵端が開かれているという注進がありました。先生のおっしゃることと違いますすな』

鉄舟『それは脱走兵がやっていることです。たとえ戦いが起こっても何の関係もありません』

西郷『それならば結構です』

そう言って、さらに突っ込んで詰問はしなかった。

鉄舟『先生は、戦いをどこまでも望まれ、もっぱら人殺しをなさろうとするのですか。もしそうであれば天子の軍とはいえないではありませんか。天子は民の父母です。道理に適《かな》った行動をするのが天子の軍ではありませんか』

西郷『ただ進撃を好む訳ではありません。恭順の実効さえ立てば、寛大なご処置（＊家名存続）もありましょう』

鉄舟『その実効というのは如何なることですか。もちろん慶喜は朝命には背きません』

西郷『先日来、静閑院宮（和宮）や天璋院（篤姫）の使者が来て、慶喜殿が恭順謹慎をしていると述べ、許しを請うが、ただ恐縮するばかりで一向に要領を得ずにお帰りになった。しかし先生が来られ江戸の徳川方の事情もよく分かりました。先生のおっしゃることを大総督宮にお伝えしてきますので、しばらくここでお待ちください』

そういって大総督宮のところへ行った。しばらくして西郷氏は戻り、宮よりの五カ条の書付が示された。それは次のとおりである。

一、城を明け渡すこと
一、城中の人数を向島へ移すこと
一、兵器を渡すこと
一、軍艦を渡すこと
一、徳川慶喜を備前へ預けること

西郷『以上の五カ条が実行されれば、徳川家に対し寛大な処置もあります』

鉄舟『謹んで承知いたしました。しかし、この五カ条のうち一カ条だけは拙者どうしても請《う》けられません』

西郷『それはどの箇条ですか』

鉄舟『主人慶喜を備前に預けることです。これだけは決して請けられません。なぜなら備前お預けとなれば徳川恩顧の家臣は決して承服しないからです。そうすれば結局戦いとなり、空しく数万の命が失われることになります。これは帝《みかど》の軍のすることではありません。そうしたら先生はただの人殺しになります。よって拙者はこの条件は決して請けられません』

西郷『朝命ですぞ』

鉄舟『たとえ朝命であっても、拙者はこれだけは決して承服できません』

このように断言した。

西郷『朝命ですぞ』

西郷氏は強いて繰り返していった。

鉄舟『それならば先生と私とその位置を代えて論じましょう。先生の主人島津公がもし誤って朝敵の汚名を受け、官軍が征討することになり、恭順謹慎し、先生と私がその交渉の任に就き主家のため尽力するとして、主人慶喜のような処置の朝命があったとしたら、先生は承服し、さっさと主人を差し出し安閑と傍観していられますか。君臣の情、先生の義からしてどうされますか。鉄太郎には決して忍ぶことはできません』

こういったところ西郷氏は黙り込み、しばらくしていった。

西郷『先生の説ごもっともです。それでは徳川慶喜殿のことは、吉之助がきっと引き受け取り計らいますので、先生は決してご心配なさいますな』

西郷氏はこう誓約した。

西郷氏は『先生は官軍の陣営を破りここに来られたので、捕縛すべきですが、それは致しません』といったので、私は『早く捕縛してください』といった。西郷氏は笑って『まず酒を酌みましょう』といい、数杯飲んで、通行手形をもらって辞去した。

急ぎ神奈川に着くと、馬五、六匹を連れている者があり、尋ねると江川太郎左衛門より出す官軍用の馬というので、二匹借りて益満と駆けて品川に着いた。そこで官軍の兵に呼び止められたが無視して行くと、銃で撃たれた。ところが不思議なことに弾丸は発射されず、天が保護してくれたと益満と語り合った。

急ぎ江戸城に帰り、総督府よりの書付五カ条、西郷氏との約束を詳しく参政大久保一翁、勝安房等に示した。両氏その他の重臣はそれを大いに喜んだ。旧主徳川慶喜の喜びは言語に尽くせぬほどであった。直ちに江戸市中に、話し合いが付き、寛大な処置が約束されたので、安心して家業に専念するようにという高札を立てた。

これよりのち、西郷氏が江戸に到着し、高輪の薩摩藩邸で、西郷氏に、勝、私とが相会し、先日約束した四カ条を必ず実行すると誓約した。そこで西郷氏は承諾し、進軍を中止した。

このとき、薩摩藩邸の後ろの海に、軍装した脱走兵（＊旧幕兵）とおぼしき五十人ほどが小舟七、八艘で近づいて来たため、西郷氏の兵士たちは驚き奔走した。西郷氏は私に向かって笑って『私が殺されそうになると兵隊がフルイマス（＊奮います）』といった。その不動の精神には感じ入った。

そこで西郷氏が応接に来るたびに、その往復には必ず私が護衛した。西郷氏を殺そうとする者があっては、西郷氏との約束上恥ずべきであり、万一の場合は西郷氏と共に死せんと思って護送した。

後日大総督府より呼び出しがあり出頭すると、村田新八なる者が『お前は、先日官軍の陣営を無断で通過したであろう。中村半次郎（＊桐野利秋）と俺とでお前を追いかけ斬り殺そうとしたが、追いつけず、取り逃がした。あまりに口惜しいので、お前を呼び出してそのことをいいたかっただけだ』といった。そこで私は『それはそうだろう。私は江戸っ子なので、足が速い。お前さんたちは田舎者でノロマだ。私に追いつけるはずがない』といって、お互いに大笑いした。

私が尽力して、旧主徳川慶喜が君臣の大義を重んずる心をしっかり認識し、四カ条の実行を成し遂げ、諸問題を解決することこそが、私が国家に報いる理由である」

口語体に訳したので、敢えて要点を繰り返さないが、この史料は、鉄舟と西郷の談判、すなわち「駿府談判」で、「江戸無血開城」が「実質決定」したことを語っている。これが信用度の高い史料であることは、のちに詳しく述べる。ここでいいたいことは二点である。

第一は、これに相当するようなハードネゴ（厳しい交渉）を勝がやったという史料はない。

第二は、よく知られた史料であるにもかかわらず、「無血開城」、勝海舟関係の書ではまず取り上げられていない。

第一の理由は、勝が西郷と「無血開城」を「実現」するためのハードネゴをしていないからである。やっていないから、さすがの勝も書いていない。勝が書いたり語ったりしているのは「オレがやったゾ」ということだけで、内容は何も書いていない。

鉄舟との会談を敢えて「談判」と呼ぶのは、鉄舟が西郷を説き伏せ「慶喜の備前お預け」を撤回させたからである。それは取りも直さず朝命である慶喜追討の撤回である。なお「談判」とは、『新明解』によれば「要求を押し通すために、相手と話し合うこと。かけあい。（相手への非難・抗議を含む場合もある）」とある。ちなみに「会談」は「組織の代表者などが公的な立場で話し合うこと。また、その話合い」とある。

この『談判筆記』にはいくつかの疑問点・論点があるが、ここでその主なものを検討しておく。実は鉄舟がこの『談判筆記』を書いたのは、十五年も経ってからである。しかも鉄舟は日記を付けていない。となれば記憶違いもあり、またさして重要でないことは省略したことも容易に推測できる。そうしたことが、歴史の真実を歪めるものであれば、徹底的に究明する必要があるが、記憶違い以外には、それほど重視する必要はないと考える。しかし記述内容に多少不備な点もあり、以後の話との齟齬《そご》を解消するためにも、また『談判筆記』に対する批判に耐えるためにも、一通り考察しておきたい。

なお西郷が鉄舟に提示した条件は、鉄舟の『談判筆記』と勝の『海舟日記』との間に差異がある。鉄舟は五カ条で勝は七カ条、しかも順番に違いがある。前者は談判より十五年後に書かれたもので、後者は談判の直後に書かれたものである。しかも勝は書付を見ながら書いたであろうから、勝の記録の方がより正確であると考えられるので、以下『海舟日記』の記載についても併せて検討する。

『談判筆記』には「江戸会談」が二日にわたったことが書かれておらず、一日のように読み取れるが、十三日は会談らしい話はなく、『海舟日記』によれば和宮の件だけが話し合われたので、二日間にわたったことは敢えて省略したのではないか。そのためにこの部分の内容が曖昧になっている。『談判筆記』に「前日約せし四カ条、必ず実効を奏すべしと誓約す」とあるが、この「前日」は、十四日に十三日のことを指しているのではない。九日の「駿府談判」のことを意味している。つまりこの「前日」は「先日」の書き間違い、もしくは「先日」の意味で記述したのではなかろうか。

「駿府談判」から帰り、復命して直ぐに「高札」を立てたという記述は、勘違いであろう。この内容の触書の日付は三月十五日であり、「江戸会談」の翌日である。それ以前には類似の触書はない。ただしこれは、鉄舟にとっては「駿府談判」後であろうが「江戸会談」後であろうが、あまり重要ではなかったのではないかと思われる。理由は、第一に、鉄舟はどちらにも参加していること、第二に、『談判筆記』が書かれた経緯から、特に「江戸会談」の前にこだわるつもりは毛頭なかったこと、が考えられる。

また、鉄舟が勝の手紙を持参したか否かについては、結論をいえば、確証がない。勝は鉄舟に持たせたというが、鉄舟は持って行ったといっていない。

勝の『海舟日記』三月五日に「西郷氏へ一書を寄す」と書き、手紙の内容を全文記載している。また『氷川清話』にも「それで山岡鉄太郎が静岡へ行って、西郷に会うというから、おれは一通の手紙をあずけて西郷へ送った」と書かれている。いずれも勝が書いたり、語ったりしたものである。ところが鉄舟の書いた『談判筆記』には、勝より手紙を預かったとも、西郷にそれを渡したとも書いていない。

いずれにしても、鉄舟が勝の手紙を届けたか否かは確証がないのである。

なお、『談判筆記』で鉄舟は、「薩摩の益満休之助がやって来て同行したいというので、承知し」と述べている。『氷川清話』には益満のことは出てこないが、『海舟日記』には「同人（＊鉄舟）申旨《もうすむね》あり、益満生を同伴して駿府へ行き、参謀西郷氏に談ぜむと云ふ」と鉄舟がいい出したように書かれている。鉄舟と勝で話に食い違いがあるが、どちらがいい出したかは、談判の内容自体には直接関係ない。

松浦玲氏は、勝が日付にルーズで、鉄舟の東帰も十日ではなく十二日であるというが、鉄舟が勝と初めて対面、駿府で西郷と談判、東帰して復命したのは、十三日の「江戸会談」の直前であったことに変わりはない。

鳥羽・伏見の戦いの直後の一月七日、「徳川慶喜追討令」が発令され、その追討軍の大総督に有栖川宮熾仁親王が任命され、西郷はその参謀となった。つまり東征軍の目的は「慶喜追討」なのである。「慶喜追討」は「朝命」であり、慶喜を討ち取るか、少なくとも身柄を拘束するために新政府は東征軍を江戸に送ったのである。大久保利通が二月に岩倉具視に起草した意見書にも「軍門に下って謝罪、備前にお預け」と書かれている。また三月六日には駿府の軍議で三月十五日江戸総攻撃決定とは別に、「別秘事」として慶喜が軍門に降《くだ》って謝罪することが決められている。

ところが鉄舟は、西郷を説得して以下のことを決めさせた。

・慶喜の備前お預け（朝命）の撤回。
・城明け渡しなど。
・徳川の家名存続。

つまりここで「無血開城」は実質決定したのである。だから西郷はそのまま江戸城受け取りに行けばよかったはずだ。だがそうはしなかった。では、西郷はなぜ勝に会いに行ったのか。

そしてなぜ京都に戻ったのか。この二つのなぜについては次項で説明する。

勝は鉄舟が「駿府談判」を終えて江戸に帰り慶喜の命令を復命したときのことを十日の日記に次のように書いている。

〈山岡氏東帰。駿府にて西郷氏へ面談、君上（＊慶喜）之御意を達し、且《かつ》総督府之御内書、御処置之箇条書を乞ふて帰れり。嗚呼《ああ》山岡氏沈勇にして、其識高く、能《よ》く君上之英意を演説して残す所なし、尤《もつとも》以て敬服するに堪えたり〉

これに続けて、西郷の提示した条件を列記し、

〈右の条々実行急速相立候はば、徳川家名之儀は、寛典之御処置、可被仰付候事〉

と記載している。これは鉄舟が書付を持って帰った直後の勝の日記である。まだ「無血開城」の歴史的評価も定まらぬ時点での勝の偽らざる率直な気持ちであったと思われる。滅多に人を褒めない勝が、これだけ最大限の賛辞を贈っているのである。五日に鉄舟が訪ねてきたとき、鉄舟の人物を見抜いていたとしても、半信半疑であったであろう。東征軍が目前に迫り手詰まり状態で、一戦もやむを得ぬかと途方に暮れていた勝にとって、どれほど嬉しかったかが手に取るように分かる日記である。また、鉄舟が家名存続を約して帰ったことも記載されている。

さて、前項で述べた二つの「なぜ」の第一は、「西郷はなぜ勝に会いに江戸へ行ったのか」である。それは鉄舟にしかるべき「肩書」がなかったからである。そのため、西郷は鉄舟との約束を、しかるべき「肩書」を持つ人物に確認しに行ったのである。それを詳しく見てみよう。

まず鉄舟の「権限」についてであるが、鉄舟は主君徳川慶喜より直々に西郷との交渉を委任された。相手の西郷が、鉄舟が全権委任されたと認めるか否かは別問題である。もちろん勝も慶喜から委任されていたが、不安を覚えた慶喜は勝のルートのバイパスとして同時に鉄舟に「権限」を与えたのである。その意味ではこの時点では勝と対等であった。だから鉄舟が交渉結果を慶喜に復命したとき、大久保（一翁）や勝を始めとする重臣も喜び、「旧主徳川慶喜の欣喜《きんき》、言語を以て言ふ可《べ》からず」（『談判筆記』）だったのである。鉄舟は慶喜より全権委任され、それを見事に全うしたのである。

鉄舟に欠けていたのはしかるべき「肩書」だけであった。鉄舟の肩書は「精鋭隊（慶喜の警護隊）頭《かしら》」に過ぎない。西郷は同じ参謀の林玖十郎《くじゅうろう》（通顕）宛書簡に「大久保勝へ相談之上相分り可申、山岡引受と申訳には不参に付」と記している。つまり鉄舟は「トップの大久保・勝に会って相談する」であろう、徳川方としては「山岡が引き受けたという訳にはいかない」であろう、といっている。西郷自身も同じように、大総督や京都の朝廷に「精鋭隊頭が降伏条件を了承した」と報告する訳にはいかない。大久保・勝に確認しなければならない、と思ったのである。ここで注目すべきは、西郷が「大久保（一翁）」の名を「勝」の前に書いていることである。これはたまたまではない。この時点で勝は「軍事取扱」で（陸・海）軍のトップの肩書を持っており、大久保一翁は「会計総裁」である。当然まず勝に会おうと考えるのが自然である。しかし西郷はそんなことに頓着はしなかった。「無血開城」の談判結果を報告するのにしかるべき肩書のある相手の名刺が欲しかっただけである。だから一翁でもよかったのだ。鉄舟の名刺には「精鋭隊頭、山岡鉄太郎」と書いてある。これでは報告できない。例えば、社運を賭した大きな商談に臨んだ専務が、相手の社の平社員もしくは係長程度の者と交渉し、こちらの条件を受諾したから契約は成立した、とは社長に報告できないであろう。当然役員クラスの人間に会って確認をしてから報告するであろう。西郷もしかるべき地位の責任者に会い確認しなければならないと考えたのである。勝部真長氏は「勝と西郷の談判。これは勝以外の幕臣の誰をもってきても、ゲームの相手として釣り合わないのである」といっているが、勝を買い被り過ぎである。

西郷の欲しかった名刺の肩書は「若年寄」か「〇〇総裁」（陸軍・海軍・会計・外国事務）であった。これがこの時点での徳川方のトップであった。では勝の肩書は何か。「軍事取扱」である。「軍事取扱」とは何か。陸・海軍総裁の上に置かれた臨時のポストである。慶喜にすれば、すでに幕府は崩壊しており、肩書などどうでもよかった。どうせ陸海軍を率いて戦う訳ではないし、敗戦処理の交渉をするだけである。正にネゴシエーターである。

では西郷は鉄舟を信用していなかったのかというと、そうではない。まず「英雄は英雄を知る」というとおり、西郷は当然鉄舟の人物を見抜いており、信用していた（後述するが維新後、西郷は鉄舟を明治天皇の侍従に推薦する）。さらに西郷の手足となって江戸で暴れた益満休之助は鉄舟の旧知であり、益満から鉄舟の人物や駿府派遣の事情を詳しく聞いているはずである。西郷が愛弟子の益満の説明を信用しない訳がない。

一方、勝の側は、軍事のトップとして、西郷の確認に対し承認を与えなければならない。といっても勝にこれを拒否する権限はない。なぜなら勝に与えられた権限は「敗戦処理」「条件交渉」だけであり、西郷の提示条件を拒否して一戦に臨む訳にはいかない。

もう一つ、降伏条件の基本合意はなされたといっても、詳細は何も決まっていない。これらの条件を、徳川にとって何とか有利に持って行けないか、つまり勝は西郷に対し、条件緩和の嘆願交渉を行なったのである。その交渉が、江戸薩摩藩邸で行なわれた「江戸会談」であったのだ。つまり「江戸会談」の目的は、西郷にとっては鉄舟との約束の確認を取ること、勝にとってはその承認を与えると同時に降伏条件緩和の嘆願をすることであった。

それではこの「江戸会談」で西郷と勝はどのような内容の話し合いをしたのであろうか。二人の会談は有名で、本書の表紙にもなっている。しかし、それほど有名な会談であるにもかかわらず、この会談の「中身」についてはあまり知られていない。なぜか勝は書いていないのである。勝はマメに日記をつけており、数々の記録を残しているにもかかわらず、この会談内容については書いていない。実に不思議である。こういうと、『氷川清話』に書いてあり、よく引用されている、と思う読者もおろう。果たしてそうであろうか。

そこでまず『氷川清話』を検討する。本書の核心部分なので、少し長くなるが『氷川清話』の関連部分を全て紹介しよう。数カ所に分かれて書かれているので、時系列的に並べ直し、内容の重複を厭わず引用する。どのような話し合いがなされたか、篤とご覧あれ。

〈さて山岡にあずけた手紙で、まずおれの精神を西郷へ通じておいて、それから彼が品川に来るのを待って、更に手紙をやって、今日の場合、けっして兄弟牆《けいていかき》に鬩《せめ》ぐ（＊内輪で争う）べきときでないことを論じたところが、向こうから会いたいといってきた〉

勝は二回、西郷に手紙を出したといっている。しかし鉄舟に託したかは不明である。手紙では、日本人同士争っている場合ではないと訴えた。

〈西郷の大度洪量《だいどこうりょう》について、維新当時のもようを、もう少し細かにいうと、官軍が品川まで押し寄せてきて、今にも江戸城へ攻め入ろうという際に、西郷は、おれが出したわずか一本の手紙で、芝、田町の薩摩屋敷まで、のそのそ談判にやってくるとは、なかなか今の人ではできないことだ。

あのときの談判は、実に骨だったよ。官軍に西郷がいなければ、話はとてもまとまらなかっただろうよ。その時分の形勢といえば、品川から西郷などがくる、板橋から伊知地（＊正治）

などがくる。また江戸の市中では、今にも官軍が乗り込むといって大騒ぎさ。しかし、おれはほかの官軍には頓着せず、ただ西郷一人を眼中においた。

そこで、今話したとおり、ごく短い手紙を一通やって、「双方どこにか出会いたるうえ、談判いたしたい」との旨を申し送り、また、「その場所は、すなわち田町の薩摩の別邸がよかろう」と、こっちから選定してやった。すると官軍からもすぐ承知したと返事をよこして、いよいよ何日の何時に薩摩屋敷で談判を開くことになった」

ここでも手紙を出したと語っている。だから、西郷はのそのそと出てきたといっているのだ。

〈そこでいよいよ官軍と談判を開くことになったが、最初に、西郷と会合したのは、ちょうど三月の十三日で、この日は何もほかのことは言わずに、ただ和宮のことについて一言いったばかりだ。

全体、和宮のことについては、かねて京都からおれのところへ勅旨が下って、「宮もよんどころない事情で、関東へご降嫁になったところへ、はからずも今度のことが起こったについては、陛下もすこぶる宸襟《しんきん》を悩ましておられるから、お前がよろしく忠誠を励まして、宮の御身の上に万一のことのないようにせよ」とのことであった。それゆえ、おれも最初にこのことを話したのだ。

「和宮のことは、定めて貴君もご承知であろうが、拙者も一度お引き受け申した上は、けっして別条のあるようなことはいたさぬ。皇女一人を人質に取り奉るというごとき卑劣な根性は微塵もござらぬ。この段はなにとぞご安心くだされい。そのほかのお話はいずれ明日まかり出て、ゆるゆるいたそうから、それまでに貴君も篤とご勘考あれ」と言いすてて、その日はすぐ帰宅した〉

会議は二日間にわたったが、第一日目は三月十三日で、この日は和宮のことしか話さなかった。勝は和宮を人質に取るような卑劣な真似はしないから安心してくれといった。

さて本番の話し合いの十四日である。

〈当日のおれは、羽織袴で馬に乗り、従者一人つれたばかりで、薩摩屋敷へでかけた。まず一室へ案内せられて、しばらく待っていると、西郷は庭の方から、古洋服に薩摩風の引っ切り下駄をはいて、例の熊次郎という忠僕を従え、平気な顔で出てきて、「これは実に遅刻しまして失礼」と挨拶しながら座敷にとおった。そのようすは、少しも一大事を前に控えたものとは思われなかった。

さて、いよいよ談判になると、西郷は、おれのいうことを一々信用してくれ、その間一点の疑念もはさまなかった。

「いろいろむつかしい議論もありましょうが、私が一身にかけてお引き受けします」

西郷のこの一言で、江戸百万の生霊も、その生命と財産とを保つことができ、また徳川氏もその滅亡を免れたのだ。もしこれが他人であったら、いやあなたのいうことは、自家撞着だとか、言行不一致だとか、たくさんの兇徒があのとおり処々に屯集しているのに、恭順の実《じつ》はどこにあるかとか、いろいろうるさく責めたてるに違いない。万一そうなると、談判はたちまち破裂だ。しかし西郷はそんなやぼはいわない。その大局を達観して、しかも果断に富んでいたには、おれも感心した。

この時の談判がまだ始まらない前から、桐野などいう豪傑連中が、多勢で次の間へきて、ひそかにようすをうかがっている。薩摩屋敷の近傍へは、官軍の兵隊がひしひしと詰めかけている。そのありさまは実に殺気陰々として、ものすごいほどだった。しかるに西郷は泰然として、あたりの光景も眼にはいらないもののように談判をしおえてから、おれを門の外まで見送った。

おれが門を出ると近傍の街々に屯集していた兵隊は、どっと一時に押し寄せてきたが、おれが西郷に送られて立っているのを見て、一同うやうやしく捧げ銃の敬礼を行なった。おれは自分の胸をさして兵隊に向かい、「いずれ今明日中にはなんとか決着いたすべし。決定しだいにて、あるいは足下らの銃先にかかって死ぬこともあろうから、よくよくこの胸を見覚えておかれよ」と、いい捨てて、西郷にいとまごいをして帰った〉

この日、どんな話をしたか。勝は「おれのいうことを一々信用してくれ、その間一点の疑いもはさまなかった」といい、それに対し西郷は「いろいろむつかしい議論もありましょうが、私が一身にかけてお引き受けします」といっただけである。これではどんな話をしたか分からない。その他は、「古洋服」「薩摩風の引っ切り下駄」「熊次郎という忠僕」「西郷の遅刻」など、さらには桐野などが次の間で様子を窺っていた、薩摩屋敷を出るとき屯集していた兵士がどっと押し寄せてきた、といったどうでもよいことだけである。同じ十四日のことが『氷川清話』の別の箇所にも書いてあるので敢えて引用する。

〈翌日、すなわち十四日に、また品川へ行って、西郷と談判したところが、西郷がいうには、「委細承知した。しかしながら、これは拙者の一存にも計らい難いから、今より総督府へ出かけて相談した上で、なにぶんのご返答をいたそう。が、それまでのところ、ともかくも明日の進撃だけは、中止させておきましょう」といって、そばにいた桐野や村田に進撃中止の命令を伝えたまま、あとはこのことについて何もいわず、昔話などして、従容《しょうよう》として大事の前に横たわるを知らないありさまには、おれもほとほと感心した。

このときの談判の詳しいことは、いつか話したとおりだが、それから西郷にわかれて帰りかけたのに、このごろ江戸の物騒なことといったら、なかなか話にもならないほどで、どこからともなく鉄砲玉が始終頭の上をかすめて通るので、おれもこんな中を馬に乗って行くのは剣呑《けんのん》だと思ったから馬をば別当に引かせて、おれはあとからとぼとぼ歩いて行った。そしてようやく城門まで帰ると、一翁を始めとして皆々がおれのことを気遣って、そこまで迎えに出ておったが、おれの顔を見るとすぐに、「まずまず無事に帰ったのはめでたいが、談判の模様はどうであったか」と尋ねるから、その顚末を話して聞かせたところが、皆もたいそう喜んで、「今し方まで城中から四方の模様を眺望していたのに、初めは官軍が諸方から繰り込んでくるから、これは必定明日進撃するつもりだろうと気遣っていたが、先刻からはまた反対にどんどん繰り出して行くようなので、どうしたのかと不審に思っていたのに、君のお話によれば西郷が進撃中止の命令を発したわけとしれた」というので、おれはこの瞬間の西郷の働きが行き渡っているのに実際感服した。

談判が済んでから、たとえ歩いてとはいうものの、城まで帰るには時間は幾らもかからないが、その短い間に号令がちゃんと諸方へ行き渡って、一度繰り込んだ兵隊をまたあとへ引き戻すという働きを見ては、西郷はなかなか凡の男でない、といよいよ感心した〉

ここでも西郷が語ったのは「委細承知した。しかしながら、これは拙者の一存にも計らい難いから、今より総督府へ出かけて相談した上で、なにぶんのご返答をいたそう。が、それまでのところ、ともかくも明日の進撃だけは、中止させておきましょう」ということだけで、会談の内容とは程遠い中身である。「詳しいことは、いつか話したとおり」というが、会談の詳しい内容などどこにも書いてない。

重要な点は、西郷が一方で「私が一身にかけてお引き受けします」といっていながら、他方で「拙者の一存にも計らい難い」といったことである。三十年ものちの放談であるから、言葉尻を掴まえてとやかくいうほど厳密な表現ではないが。

〈ひっきょう、江戸百万の人民が命も助かり、家も焼かれないで、今日のように繁昌しているのは、みんな西郷が「諾」といってくれたおかげだ。おれは始終このことを思っているから、世間が奠都《てんと》祭などと騒ぎ出さないうちに、ちゃんと心ばかりのことはしておいた。（中略）而《しか》

るに西郷、村田、中村（＊桐野）数氏皆既に泉下の人となる。（中略）

義軍勿嗜殺　嗜殺全都空　我有清野術　傚魯挫那翁〉

「西郷が『諾』といってくれたおかげ」というのは「駿府談判」で鉄舟に対していったという意味では正しい。会談と同時期に書かれた『海舟日記』を見る限り、「江戸会談」で西郷は勝に対し「諾」などといってはいない。

「皆既に泉下の人となる」と述べているように、関係者はもう皆死んでしまった。だから勝が『氷川清話』などでいくらホラを吹いても、「勝さん、それは違うよ」と指摘する者が誰もいないのである。

最後の一行は、四首の漢詩の一首で、「官軍たるものは民を虐殺し、全都を破壊してはならない。自分にはロシアがナポレオンを撃退した清野作戦に倣った「江戸焦土作戦」があった」という意味である。官軍は民を虐殺してはならないというのは、「もっぱら人殺しをするのは天子の軍とはいえない」という鉄舟が西郷を説得した論理である。「焦土作戦」とは、どうしても江戸に進撃するなら、ロシア軍の例に倣って、江戸に火を放ち焦土と化して官軍を撃退する作戦を用意していたことを述べている。この「焦土作戦」については後述する。

〈このとき、おれがことに感心したのは、西郷がおれに対して、幕府の重臣たるだけの敬礼を失わず、談判のときにも、始終座を正して手を膝の上にのせ、少しも戦勝の威光でもって敗軍の将を軽べつするというようなふうがみえなかったことだ。その胆量の大きいことは、いわゆ

る天空海闊《かいかつ》で、見識ぶるなどということは、もとより少しもなかった〉

これも西郷が敗軍の将に対し礼儀正しかった、と書いてあるだけで、中身には何も触れていない。

〈江戸城受け渡しのとき、官軍の方からは、予想どおり、西郷が来るというものだから、おれは安心して寝ていたよ。そうすると皆のものは、この国事多難の際に、勝の気楽にはこまるといって、つぶやいていたようすだったが、なに相手が西郷だから、むちゃなことをする気づかいはないと思って、談判のときにも、おれは欲はいわなかった。「ただ幕臣が飢えるのも気の毒だから、それだけは頼むぜ」といったばかりだった。それに西郷は、七十万石くれると向こうからいったよ〉

来るのは西郷だから安心して寝ていたと語っているが、八方塞がりの手詰まり状態で、とても寝てなどいられなかったはずだ。それと、この会談で七十万石を勝ち取ったように書いているが、七十万石に決まったのはこの会談の三カ月ほどあとであり、七十万石は幕臣たちの期待よりずっと少なかった。しかも西郷がいったのではない。このときすでに西郷は軍のトップから外されていた。

長々と引用したが『氷川清話』には、「江戸会談」での西郷と勝の会談内容について語られているのはこれだけである。このどこに西郷と勝のやり取りの内容が語られているというのか。ここには、その周辺の状況に触れた部分ばかりで、肝心の会談の中身については何も書かれていない。これではどんな話し合いがなされたのか、なぜ西郷が江戸攻撃を中止し「無血開城」が実現したのかがさっぱり分からない。それはそうであろう。西郷と勝は「無血開城」の実現についての交渉は何一つしていなかったからである。この会談では西郷が提示した降伏条件をいかに緩和させるか、その「嘆願」がなされたのである。「無血開城」を決定する「談判」はされていない。ないものは書けないし、語れない。

次に渡辺清による『江城攻撃中止始末』（以下『中止始末』）について検討する。なぜなら具体的な「江戸会談」の内容が書かれた史料は、この『中止始末』しかないからである。『氷川清話』は勝本人の自慢話であるが、『中止始末』は一応、第三者による公平な観察といえる。これは明治三十年（一八九七）十一月二十一日の「史談会」における渡辺の発言である。渡辺は東征軍におり、十四日の「江戸会談」に同席した。渡辺は直接の交渉担当者ではなく、西郷に勧められて急遽傍聴したに過ぎない。「清（＊私）はほんの付け物のやうにして、其席に出ました」といっている。またすでに三十年が経過しており、渡辺自身も「記録もありませぬから概略しか覚へて居りませぬ。其の積りで御聞き下だされ」と断っている。原文は少々長いが、西郷と勝との会談の部分のみを要約して紹介する。

「勝安房は『慶喜は恭順しているのだから、兵は箱根以西に留めておいてもらわないと、旗本や諸藩の兵たちが暴発しかねず、鎮撫が難しくなる。明日江戸城攻撃と聞くが、これを見合わせてもらうよう頼みに来たのだ』という。西郷は『恭順というならば、その実を挙げてもらいたい。慶喜は謹慎するというならどこに謹慎しても構わない。上野であろうが余所《よそ》であろうがご勝手に』という。また『江戸城は直ぐに渡すか』と問うと、勝は『直ぐに渡す』という。西郷が『兵器、弾薬はどうか』と問うと、勝は『それもお渡しする』という。

西郷が『軍艦はどうか』というと、勝は『これは榎本の管轄であって、自分の思うようにはいかない。しかし榎本に叛意はない。だが軍艦は私には請け負えない。城も弾薬も渡さなければならないが、反対する旗本や諸藩の兵もおり、江戸の治安は容易な状況ではない。自分は何度も殺されかけた。あなた方官軍と徳川の重役と双方から疑いを受けて、板挟みになっているのだ。慶喜も同様で、慶喜といえどもその号令は徹底できない。もし江戸城を攻撃するとなれば、慶喜の精神も水泡に帰すのみでなく、天下は大騒乱となるのは明らかである。ともかく明日の戦争は止めてもらわなくてはならない』と。その話は順序立っており、見事なものと感心した。

また西郷も、口数は多くないが、見事な答えであった。西郷は英公使パークスの一件（「木梨・渡辺ルート」後述）があったので、そのことは一言も口には出さなかったが、心中明日の攻撃は止めなければならぬと思っていたと見える」

勝は理路整然と語り、それに応じる西郷は口が重かったように、渡辺は語っている。「会薩調停」で述べたように、ここでも松浦玲氏のいう「能弁の自信家が陥りやすい弊害」が現われていると思われる。勝は滔々と述べ「条件緩和の嘆願」につき西郷を説得したと思い込んだようだが、西郷はその嘆願を応諾してはいない。自分一人では決められないので駿府の大総督府に行ってくる、と応えただけである。

また渡辺は、勝が西郷を説得し、「慶喜の処置」についての譲歩を引き出し、「無血開城」を成し遂げたという交渉については、何も記していない。なぜか。なかったからである。「江戸会談」の中身について書かれた唯一の史料、それも第三者の手になる客観的史料に書かれていないということは、極めて重要なポイントである。渡辺の口述は、三十年後の、記録もなく、全くの記憶に基づくものであるから、曖昧な点、忘れたことはあるであろう。しかし、もし西郷と勝の間に、「慶喜の処置」について火花を散らすようなやり取りがあったならば、渡辺が強烈な印象を受けないはずはない。彼の口述のハイライトとして熱っぽく語ったに違いない。ところが、渡辺の話には、「備前お預け」の「備」の字も出てこない。渡辺が忘れたとは到底考えられない。このことは「無血開城」の最重要条件の交渉がすでに済んでおり、「江戸会談」では話題にもならなかったことを如実に物語っている。慶喜を敵方に渡さないでよいという合意が「駿府談判」でなされているから、それでは水戸ではどうか、お願いしてみよう、というのが徳川方の申し出であった。それに対し西郷は「上野であろうが余所であろうがご勝手に」といった。渡辺のこの口述部分は、「無血開城」の「実質決定」がすでに「駿府談判」で済んでいたことを示す、有力な傍証といえよう。

以上、『氷川清話』と『中止始末』の記載を見たが、いずれも「江戸会談」より三十年ものちに記録されたものである。『氷川清話』はもちろんホラまじりであり、『中止始末』もかなり正確さに欠ける点がある。それよりも『海舟日記』の方が、その時点の記録であり、意図的に脚色する必要性も低かったと考えられる。そこで最後に『海舟日記』を検討する。

日記の十三日は、和宮の件だけを話し、十四日に本格的な話をしたと書いている。中身は、西郷に渡した嘆願書の内容、西郷に渡そうとして書いたが直接会ったので渡さなかったと思われる手紙の写しと、それとほぼ同内容の勝の主張である。勝の手紙・主張の要旨は、「江戸は明け渡す。新政府の公平な処置を望む」というものだった。この日記に書かれた勝の主張には、具体的な会談の内容は含まれておらず、また降伏条件の復活折衝もなく、極めて抽象的なのだ。着目すべきは「慶喜の処置」について何も記していないことである。

なお、嘆願書の内容は、「駿府談判」で西郷が示した条件に対し、①慶喜は水戸に謹慎、②城は田安家に預ける、③④軍艦・兵器は必要分を残し、残余を引き渡す、⑤家臣は城外へ移住、⑥鳥羽・伏見の戦いの責任者の処罰緩和、⑦江戸の治安維持は条件どおり徳川方で行なう、というものである。①は「駿府談判」で決着しており、⑦は徳川方が呑んでいるので、嘆願内容は②〜⑥の五条件である。それがここで決定したのかというとそうではない。十四日の『海舟日記』の最後の部分に次のように書かれている。

〈西郷申て云く。「我壱人今日是等を決する不能。乞ふ、明日出立、督府へ言上すべし。亦《また》、

明日侵撃之令あれども」といって、左右の隊長に令し、従容として別れ去る〉

西郷は、徳川の嘆願も、江戸攻撃中止も「請け合った」とはどこにも明記していない。全て曖昧のままペンディングとして、ただ「自分の一存では決めかねるから、総督府へ行って相談してくる」といっているだけなのだ。

京都朝議

さて「駿府談判」で述べた二つの「なぜ」の二番目、「西郷はなぜわざわざ京都に帰ったのか」について考察する。重複を厭わずその部分だけ『氷川清話』を引用する。

〈翌日、すなわち十四日に、また品川へ行って、西郷と談判したところが、西郷がいうには、「委細承知した。しかしながら、これは拙者の一存にも計らい難いから、今より総督府へ出かけて相談した上で、なにぶんのご返答をいたそう」〉

「なぜ」京都に帰ったのかというと、西郷自身が「拙者の一存にも計らい難いから」というように、西郷には「権限」がないからである。「権限」とは「慶喜の処置」についての権限である。つまり慶喜の水戸謹慎は、慶喜追討の朝命を撤回することであり、西郷はもとより東征軍大総督有栖川宮にも権限外のことである。そのため西郷は勝に「総督府へ出かけて相談した上で」といったが、有栖川宮大総督は「慶喜追討の取り止めは朝命撤回であるから、麿《おのれ》の権限では決められない」といったのであろう。それで西郷は朝廷の決裁を得るため急遽京都まで帰ったのである。

西郷にとって、慶喜の処分について鉄舟に譲歩したという権限外の行為は、大きな重荷になった。西郷は東征軍の最大の実力者とはいえ、形式的にはトップは大総督の有栖川宮熾仁親王であり、その下に二人の公家参謀（正親町公董《おおぎまちきんただ》、西四辻公業《にしよつつじきみなり》）がいて、西郷はその下の「下参謀」で同格の林玖十郎もいる。三月六日の駿府での東征軍の首脳会談で江戸城攻撃が三月十五日に決定した際、「別秘事」として、慶喜がもし真に恭順しているなら「慶喜が直接軍門に下って謝罪すべきである」ということが決まっていた。西郷はこれを鉄舟の誠意に打たれ「備前藩へお預け」に緩和した。これは西郷と、林、西四辻の三人で決めた（このとき熾仁親王と正親町は不在）。この三人で相談した結果が御書付として鉄舟に与えられた。西郷としては、その書付の墨も乾かぬうちに、鉄舟に「君臣の情」を訴えられ自分の一存でさらに譲歩したのである。

東征軍・朝廷内には慶喜を厳しく処断すべしという対徳川強硬派がおり、もしここで鉄舟に安請け合いすれば、自分がこうした強硬派から非難を受け、窮地に追い込まれる破目になりかねない。相当の覚悟がなければできない譲歩である。にもかかわらず西郷は、「軍門に下って謝罪」から「備前お預け」へ、さらに独断で「その撤回、西郷に一任」と、二歩譲ったのである。

慶応四年（一八六八）三月二十日、三職による朝議（京都朝議）が開催された。三職とは総裁、議定、参与のことで、三条実美《さねとみ》、岩倉具視、大久保利通、木戸孝允らが出席した。

実は京都に戻った西郷が、朝議においてどのような発言をしたかの記録は残っていない。しかし噂話は伝わっている。松平春嶽の家臣中根雪江は「恰好之談に相成、上京之処、於此表（＊京都）は、何処迄も押詰候様との指揮にて、西郷も困窮、不平之意味有之由也」と、せっかく江戸でうまく決着をつけたのに、京都においては強硬論があり、西郷が困窮したといっている（『戊辰日記』日本史籍協会）。また同書に「吉之助、徳川公（＊慶喜）大逆といへとも、死一等を宥《ゆる》むへき歟《か》之語気ある故、準一（＊木戸）其機に投し、大議論を発し、寛典を弁明し、十分之尽力にて、箇条書等も出来せり。徳川公免死之幸福は準一の功多に居るとぞ」とあり、西郷が慶喜の助命をいい出し、それを木戸が側面支援したと書かれている。それまでどちらかというと強硬論者であった西郷が、慶喜の助命にこだわり、これを強く主張したことは、三条、岩倉ら朝議の出席者は意外であったようだ。

付け加えるなら、京都で、木戸孝允が応援してくれたとはいえ、強硬派を説得した西郷の功績は極めて大きい。その結果、これ以降西郷は、徳川方に甘過ぎると見做され、軍事の中心から外されてしまうのである。すなわち有栖川宮・西郷らから、三条実美・大村益次郎・江藤新平らに主導権が移り、以後の戊辰戦争では西郷はずっと脇役であった。のちに勝は『海舟座談』（講談社）で次のように語っている。

〈ナアニ、己の方よりか西郷はひどい目にあったよ。勝に欺されたのだと謂って、ソレワソレワ、ひどい目にあったよ〉

これは真実である。西郷の人間的な甘さ、情に対する脆《もろ》さが出たといえる。その結果、東征軍内における自己の立場を弱くしたのである。またこの西郷の「情に対する脆さ」が西南戦争という形に出たのではないだろうか。一方、この西郷の情の厚さが、薩摩と庄内《しょうない》の今に続く交流に繋がっている。庄内藩は徳川四天王の一人酒井忠次を藩祖とする譜代中の譜代で、江戸薩摩藩邸を焼き討ちし、新政府軍にも徹底抗戦した。そのため戊辰戦争で厳しい処分を覚悟していたところ、西郷は寛大な処置を命じた。感激した藩主の忠篤《ただあつ》は多くの藩士を薩摩に送り西郷の教えを請い、自らも鹿児島に赴いた。このときの西郷の言葉や教えが、のちに『南洲翁遺訓』にまとめられた。「敬天愛人（天を敬い人を愛す）」「命もいらず、名もいらず、官位も金もいらぬ人は、仕末に困るもの也」といった有名な言葉はこれに収められている。なお、「命もいらず……」は鉄舟のこととされる。忠篤は上野の西郷銅像建立の発起人の一人になり、酒田市に南洲神社も建立した。

なお、「パークスの圧力」のところで述べるが、このとき西郷は強硬派を説得する手段としてイギリス公使パークスの、降伏している者を攻めるのは国際世論に反するという、いわゆる「パークスの圧力」（木梨・渡辺ルート）を大いに利用した。

さて「京都朝議」で議論の末、決定した条件が（江戸城の処置は大総督府に一任）、四月四日に江戸城において新政府側から徳川方に提示された。提示というより命令である。わざわざ

「断然不被聞食（＊再交渉は受け付けない）」と明記されている。つまりこれが西郷・勝会談での復活折衝の結果であり、勝の交渉の成果ということができる。

改めていうと、「駿府談判」で「無血開城」が「実質決定」したと書いたのは、この「京都朝議」で「正式決定」したからである。

それでは西郷・勝の「江戸会談」の成果はどうであったか。

まず、慶喜の備前藩お預けが、水戸謹慎となり徳川の要望が通った。しかし、「慶喜の処置」は、すでに「駿府談判」で確定している。つまり敵方の手に渡すことはなくなり、助命は認められていたのである。それが「江戸会談」で、水戸謹慎に決着しただけである。西郷は「謹慎さえするなら、どこでもご勝手に」といっている。したがってこれは勝が「江戸会談」で勝ち取った成果ではない。

次に、城明け渡しについては、身内である田安家に、という徳川方の希望は容れられなかった。ただし朝議では田安家お預けだけは却下したが、どうするかは大総督に一任した。

また、軍艦・武器も、徳川の要望と逆になって、受け入れられなかった。すなわち徳川方は必要分を残し、残余は引き渡すと主張したが、新政府の結論はいったん全て接収し、あとで相当分（石高が決定したのち、それに見合う分）を返還するというもので、按分の主導権は新政府側が握ることとなった。もちろん「石高」の決定も新政府次第であり、これについては「江戸会談」でも、新政府の回答でも一切触れられてはいない。当初西郷が提示した条件では全て接収であったから、相当分を徳川に返すというのは、原案と対案の中を取ったという説があるが（松浦玲氏）、そうではあるまい。「駿府談判」で述べたが、降伏条件を呑めば家名存続は認めるとしたことは、一大名としての存続を認めると約束したことである。当時はまだ大名は存在したのであるから、当然それ相応の軍事力は残されることは認められていた。「家名存続」は「駿府談判」で決まった訳であり、「江戸会談」で勝ち取ったものではない。ということは「軍艦・武器」も相当分は残されることが期待されていたのである。強いて付け加えるなら、これらをどの程度残すかということは、「無血開城」実現とは関係ない。少ないから城は明け渡さない、という談判ではない。なるべく多く残してくれという嘆願である。

つまり、「江戸会談」で受け入れられたのは、家臣の退去、鳥羽・伏見の戦いの責任者の助命（ただし一万石以上は別扱い）という、降伏条件としてはマイナーなものに過ぎないのだ。

なお、「鳥羽・伏見の責任者の処罰緩和」に「ただし一万石以上の者は対象外」という但し書きを付けたのは幕府側である。誰が持ち出したのであろうか。この一万石以上の責任者には「逃げ帰った五人」のうちの慶喜以外の四人、老中板倉・小笠原、会津・松平容保、桑名・松平定敬が含まれる。彼らは皆この時点では恭順せず、最後まで徳川に殉じようとし、すでに述べたが、会津戦争で降伏した容保以外は箱館まで行って抗戦した。勝が持ち出したと思うのは穿《うが》ち過ぎであろうか。

鉄舟派遣

〈山岡という男は、名前ばかりはかねて聞いたが、会ったのはこのときが初めてだった。それも大久保一翁などが、山岡はおれを殺す考えだから用心せよといって、ちょっとも会わせなかったのだ〉

この『氷川清話』の一節は、すでに「駿府談判」で引用したが、勝は「会ったのはこのときが初めてだった」といっている。しかも、鉄舟が自分を殺しに来るかも知れない、と同僚の大久保一翁から注意されてもいたので、最初は居留守を使い鉄舟に会おうとしなかった。

次は三月五日の『海舟日記』である。

〈旗本山岡鉄太郎に逢ふ。一見、其為人《ひととなり》に感ず。同人申旨あり、益満生を同伴して駿府へ行き、参謀西郷氏へ談ぜむと云ふ〉

ここにも勝は三月五日に初めて鉄舟に会ったと書いている。しかも鉄舟が信頼できる人柄であると感じ入っている。

鉄舟も駿府に行く直前の三月五日に勝海舟を訪問したとして、そのときのやり取りを直筆の『談判筆記』に書いている。すでに前に現代文に訳し要約して紹介したので、ここでは当該部分のみを原文で再掲する。

「当時軍事総裁勝安房は、余素より知己ならずと雖《いえど》も、曽《かつ》て其胆略あるを聞く。故に行て是を安房に計る。安房余が粗暴の聞へあるを以て少しく不信の色あり。安房余に問曰《といていわく》。足下如何なる手立を以て官軍営中へ行やと。余曰。官軍営中に到れば、斬するか縛するかの外なかるべし。其時双刀を渡し、縛すれば縛につき、斬らんとせば、我旨意を一言大総督宮へ言上せん。若其言の悪くば、直に首を斬るべし。其言のよくば、此所置を余に任すべしと云はん而巳《のみ》。是非を問はず、只空《むなし》く人を殺すの理《ことわり》なし。何の難きことか之あらんと。安房其精神不動の色を見て、断然同意し余が望《おもい》に任かす」

まず「勝安房は、余素より知己ならずと雖も」と、このときまで鉄舟は勝と知り合いではなかったといっている。

さらに、勝が「足下如何なる手立てを以て官軍営中へ行や」と聞いたので、鉄舟はその覚悟を述べたところ、「安房其精神不動の色を見て、断然同意し余が望に任かす」といっているだけである。すなわち勝が鉄舟に何か特別の策を授けた訳ではない。また鉄舟は勝から手紙を預かったとはどこにも書いていない。

こうした史料から分かるように、勝が鉄舟に行けと命じた訳でもなく、また勝が西郷との談判の策を授けた訳でもない。勝は軍事の最高責任者として、万策尽きていたのだ。諸々の嘆願も全て失敗に終わり、進軍してくる東征軍を食い止める手立てがなく、窮地に陥っていたのである。そこに降って湧いたかのように鉄舟が現われたのであり、勝は飽くまで受け身だったのだ。

勝自身が鉄舟を使者として派遣したといっていないのに、歴史学者は寄ってたかって「勝が鉄舟を使者として派遣した」「鉄舟は勝のメッセンジャーだ」というのである。「オイオイ、おれは鉄舟なんて男に使者になってくれなんて頼んだ覚えなどネエ」と、勝は草葉の陰でぼやいているかも知れない。

鉄舟は勝の部下でもなければ、メッセンジャーでもない。鉄舟は、徳川慶喜の警護をしていた義兄の高橋泥舟に推挙され、慶喜の直接の命令を受けて西郷に会いに駿府へ行ったのである。前に「無血開城」を「三会談」の三幕の芝居にたとえたが、この慶喜の鉄舟への直命はその「前口上」に当たる。第一幕の、鉄舟がなぜ西郷への使者に立ったかを説明する口上である。

慶喜は最初、泥舟に駿府への使者を命じたが、泥舟が行ってしまうと、慶喜を護衛する者がいなくなってしまう。そこで誰か泥舟に代わる者はいないかと尋ねたので、義弟の鉄舟を推挙した。その経緯は『高橋泥舟先生詩歌』（高橋泥舟著、小林二郎編）に載っている。以下にその触りの部分を紹介する。

「公（＊慶喜）既に居士（＊泥舟）に命じたれば、居士其命を奉じて公前を退き、将《まさ》に発せんとす。公又遽《にわ》かに居士を召し返して、即ち曰く。汝去らば、豈《あ》に麾下の士を大に煽動する者なきを知らんや。汝にあらざれば予が命を全ふするものなく、今汝去らば麾下の士を鎮定するものなし。嗟噫《ああ》此時に当りて予汝が身体の二《ふたつ》なきを憂ふるなり。今汝に代りて此使命を全ふするもの、予に於て誰を指さす所なし。汝が見る所これあるや否やと。公愁然として涕泣交々《ていきゅうこもごも》下る。

是に於て居士即ち曰。諺に曰く。子を見ること親に如《し》かずと。今麾下の士を見るに、尊命を全ふする者、臣が愚弟山岡鉄太郎に如くものなし。知らず、公之に命ずるや否やと。公漸く涙を拭ふて曰く。汝の言既に如此《かくのごとし》。余豈命ぜざらんや」

このようにして、慶喜は鉄舟を召し、直接駿府行きを命じたのである。決して勝の指示や命令で西郷との談判に赴いたのではない。

学者の中には、前記の史料を見ているはずなのに、なぜか鉄舟が勝の使いであるかのように書いてしまっている人が多い。

例えば石井孝氏は、「徳川政権の実権者となった海舟がやった第一の大きな仕事は、山岡鉄太郎（鉄舟）の駿府派遣である」（『勝海舟』）に続けて、「三月五日、海舟山岡に会い、『一見、其の人と為りに感』じた」と書いている。初対面と分かっていながら、「派遣」したといっているのは矛盾しているが、鉄舟の人物に感じ入ったので任せたことを「派遣」したと認識したのかも知れない。

意外なのは、萩原延壽《のぶとし》氏ほどの学者が「のちに勝の依頼をうけて駿府に来た山岡鉄太郎」（『遠い崖』）と、「勝派遣説」を取っていることである。自分の関心の薄い部分については詰めが甘くなるのであろうか。

加来耕三氏は『勝海舟―行蔵は我にあり』で『海舟日記』の「旗本山岡鉄太郎に逢う。一見、その人となりに感ず」を引用しておきながら、鉄舟を派遣したといっている。石井氏と同様である。

星亮一氏は「海舟は山岡鉄舟を駿府に派遣し、大総督府の意向を聞かせた」（『勝海舟と明治維新の舞台裏』）と、単純に鉄舟を派遣したと書いている。

このように多くの識者が鉄舟の果たした使命を軽んじているのだ。「無血開城」は勝の偉業という虚構を信じているので、意識的であると無意識であるとにかかわらず、鉄舟の役割を過小評価するのであろう。

つまり虚心坦懐に、先入観なしに、「無血開城」の歴史的真実を見ようとしないのである。勝に惚れた欲目には痘痕《あばた》も靨《えくぼ》、であろうか。

パークスの圧力

〈これで灯台に関する商議も済んだが、当時の英国公使パークスも、この始末を聞いて、きわめて満足に思ったか、その後は、何事もおれを指名して、談判するようになった。この時分の外交についての苦心は、平生とは随分違ったものさ〉

〈このころのイギリス公使といえば、かの有名なパークスだが、今のサトウなどは、そのころの書記生で、たしか二十四歳くらいで、年の若いのに似合わないやり手であったよ。

この時分にはね、おれを暗殺しようと企てている連中がいくらもあったから、パークスなど

アーネスト・サトウ
（日本名、佐藤愛之助）

も、「貴下は、ぜひ私の公使館へきていてくださらなければ危険だ」といってくれた〉

〈それだから、サトウには「ご親切はありがたいが、ともかく一国の大事に身を投げ出したからには、命が惜しいようなことでは何事もできないから、公使館へ逃げこむようなことはお断わり申す」といったら、サトウがいうには、「それならば、いついかなる事変が貴下の身辺に起こるかもしれないから、写真を一枚撮っておきなさい」といって勧めるから、それもそうかと思って、すなわちそのとき撮った写真はこれだ〉

実は、勝が西郷と交渉することになったとき、勝は様々な事前工作を行なったとされる。その一つが「パークスの圧力」と呼ばれるものである。

この「パークスの圧力」とは、英公使パークスが西郷隆盛に、江戸総攻撃を止めるよう警告したという説である。その内容は「すでに恭順（降伏）している徳川慶喜を攻めること、まして命を取るようなことは国際世論が許さない。だから江戸総攻撃（戦争）は止めるべきである」というものであり、これが慶応四年（一八六八）三月十三日と翌十四日の西郷と勝海舟の「江戸会談」において、西郷に対する「圧力」となり、「無血開城」の大きな決め手となったというのである。

この「パークスの圧力」については、次の二つのルートがある。

（ア）サトウ・ルート

勝が、「江戸会談」以前に英公使館の通訳官であるアーネスト・サトウに会い、サトウを通じてパークスに工作し、西郷に圧力をかけたとする「勝工作説」である。これが、「無血開城」は勝と西郷が成し遂げた、という主張においてクローズアップされ、大きな比重を占めている。

（イ）木梨・渡辺ルート

東征軍の木梨精一郎と渡辺清がイギリス公使館を訪れ、江戸城攻撃の際の負傷兵のために、病院の世話を依頼した。このときパークスから前述の内容を告げられ、これが西郷・勝会談の直前に西郷に伝えられ、西郷にとって圧力となった。「パークス説得説」である（この「木梨・渡辺ルート」は、直接は勝の工作と関係ないので割愛する）。

冒頭に『氷川清話』でパークスとアーネスト・サトウに関する記述を紹介したのは、勝が「パークスの圧力」について語っていないということを示したかったからである。多くの学者も支持するこの「パークスの圧力」を、勝自身が語っていないことが不思議なのである。常に自慢たらたらの勝がなぜ「パークスの圧力」を語らないのか。勝であれば「あのときおれは、サトウを通じてパークスに依頼し、西郷に圧力をかけてやったのサ」くらいのことは『氷川清話』で語っていそうなものだが、そうした発言は全く見られない。

では『海舟日記』ではどうであろうか。

〈廿七日　此日、英公使パークス氏幷（＊ならびに）海軍惣督キップル氏を訪《と》ふ。此程之趣意を内話す。英人、大に感ず〉

これだけである。

次に勝の『解難録』にもこの日のことが書いてあるというので念のためそれを見てみると、これも日記と同じ「三月二十七日」つまり「江戸会談（三月十三日）」のあとである。

どちらにも西郷の「さ」の字も書かれてはいない。『解難録』で語られているのは、徳川が政権を新政府に渡してしまうので、「お雇い教師」の処遇や「灯台設置」の費用をどうすべきかといった事務的な話ばかりである。いずれもネゴ役として勝が関わり成功した案件である。

それでは「パークスの圧力」について識者はどのように書いているのであろうか。

・田中惣五郎氏「山岡と西郷の表立った堂々たる会見、勝とサトウの忍びやかの会見、それが同じ日（＊三月九日）に行はれたのであった」（『勝海舟』）

・高野澄氏「イギリス公使パークスが西郷に牽制をかけていた。（中略）おそらく海舟のほうは、パークスの書記官アーネスト・サトウを通じて知っていたであろう」（『勝海舟』）

・江藤淳氏「鉄舟山岡鉄太郎が、駿府に到着して西郷吉之助と会見したのは、三月九日のことであった。（中略）この同日、江戸でひそかにおこなわれていたもうひとつの重要な会談については、人は意外に知るところが少ないのである。それは軍事取扱勝安房守義邦と、英国公使館通訳官アーネスト・サトウとの秘密会談である」（『海舟余波』）

・石井孝氏「九日には江戸に出た。サトウは、江戸ではもっぱら海舟と接触している。彼は人目をひくのを避けるため、暮夜ひそかに海舟を訪問することにしていた。このようなわけで、パークス・木梨会談の内容もただちに海舟に報告されていたであろう」（『勝海舟』）

・津本陽氏「麟太郎は、西郷がパークスから牽制をうけていることを知っていた」（『勝海舟―私に帰せず』）

・星亮一氏「海舟は、イギリス公使パークスが江戸での戦争に反対していることを知り、それを最大限に利用して、西郷を押しまくった」（『勝海舟と明治維新の舞台裏』）

勝自身がやったとも述べていないことを、この方たちは「パークスの圧力」（サトウ・ルート）はあった、あったと書き続けているのである。ゴテゴテに盛って、勝の虚像を作り上げてしまったのだ。

それでは、勝自身がやったと語っていないにもかかわらず、多くの学者が、やったやったというのはなぜであろうか。

それはアーネスト・サトウが書いた『一外交官の見た明治維新』（以後『サトウ回想録』と略す）に原因がある。客観的第三者であるサトウの著書を読んで、多くの人がそう信じるのだ。ではサトウは「パークスの圧力」があったと書いているのであろうか。実はそうではない。サトウが書いた『サトウ回想録』を多くの読者が読み間違いをしているのである。

実は『サトウ回想録』は飽くまでも「回想」であって「日記」ではない。サトウは同書の序文で「自分の日記をほとんど写したと言ってもよいようなものではあるが、（中略）私の長官ハリー・パークス卿あての手紙などをこれに書き足した」と記している。そしてさらに重要なのは、サトウ自身がいっているように、サトウが「江戸会談」の前後には日記を付けていなかったことである。

そのことを第三〇章（下巻一八五～一八六頁）で次のように述べている。「私の日記には、これから5月半ばまで少しも記入がない。（中略）私は長官と日本高官との間の通訳や文書の翻訳にきわめて多忙な日を送ったので、日記の方にはとんと手がまわらなかった」。ここでサトウのいう「これから五月半ば」は西暦であり、和暦に換算すると、日記の空白は慶応四年（一八六八）三月一日から四月二十二日となる。実際にこの期間、サトウの「日記」は空白である。この間に、「五日の東征軍大総督有栖川宮駿府到着、九日の鉄舟・西郷談判（駿府談判）、十三、十四日の西郷・勝会談（江戸会談）、二十日の西郷の朝廷強硬派説得（京都朝議）、四月十一日の江戸城明け渡し、徳川慶喜水戸へ出立」という明治維新上、極めて重大な出来事があったにもかかわらず、この間、サトウは日記を付けていないのだ。

ということは、サトウは日記という記録なしで、自分が書いたパークスへの報告書などを基《もと》に、五十四年前のことを思い出しながら、大正十一年（一九二二）になって『サトウ回想録』を書いたのである。

そこで実際に読んでみると（なおサトウは当然日付は西暦で書く。したがってその翻訳も西暦である。だが話がややこしくなるので以後全て和暦で話を進める）、まずサトウは三月九日に横浜から江戸に派遣され、三月二十日に再度派遣されている。そしてサトウは第一回目の派遣の直後に「私の入手した情報の主な出所は、従来徳川海軍の首領株であった勝安房守であった」「私は人目を避けるため、ことさら暗くなってから勝を訪問することにしていた」と書いている。

問題は、この「勝を訪問」がいつなのかということである。田中惣五郎氏と江藤淳氏は三月九日、鉄舟と西郷の「駿府談判」と同日といい切っている。つまり江戸に出てきたその日に勝を訪問したと断定している。しかしよく見て欲しい。「訪問した」とは書いてない。「訪問することにしていた」と書いてある。この二つの表現は違う。念のためこの『サトウ回想録』の原書『A Diplomat In Japan』を見てみると「used to visit」と書いてある。もうン十年前でお忘れの読者もおろうが、この「used to」は「よく……したものだ」という過去の習慣を表わす典型的な受験慣用句である。まあ、無理に英文を見なくても、日本語でも「した」と「することにしていた」は違うくらいは分かるが。ところが分からない、勘違いしている学者もたくさんいるのである。それでは一体サトウはいつ勝を訪問したのか。具体的に訪問した日は書いてないが、サトウが勝に会ったと書いてあるのは二十日の二回目の江戸派遣以後である。それでは一回目の派遣時には会っていなかったのか。少なくとも、勝と会ったことが書かれている二回目の派遣以前には二人が会ったことは書かれておらず、単に「訪問することにしていた」と記されているだけである。しかも第一回目派遣時には、西郷と勝が会ったことはおろか、二人の会談内容は全く書かれていない。二回目派遣時には、それらが詳しく書かれている。サトウの江戸派遣目的は、こうした情報を得ることであるから、この会談のことを知ったとすれば必ずそのことをパークスに報告するはずである。したがってサトウは三月九日の一回目の派遣時には勝に会っていなかったと判断するのが自然である。

すると西郷と勝の会談は三月十三、十四日だから、その前に勝がサトウに会っていなければ、勝はサトウにパークスから西郷に圧力をかけてもらうよう依頼することはできない。したがって「パークスの圧力」（サトウ・ルート）はなかった。すなわち勝の工作はなかったことが判明した。めでたし、めでたし、である。

しかし、読者は、こういうかも知れない。書いてないから会わなかったとはいえないだろう。会ったけどそれを書かなかっただけかも知れないではないか、と。確かにそのとおりである。だが、あったことを証明するのは比較的簡単だが、なかったことを証明するのは時に不可能に近い。このように証明することが不可能もしくは非常に困難なことを証明することを「悪魔の証明」と呼ぶことがあるそうである。

そこで横浜開港資料館に出かけて当時の英国公使館の公文書を調べてみた。まだタイプライターのない時代のクセのある手書きの英文である。そこでまず見つけたのが、パークス公使が本国のハモンド外務次官に宛てた「Apr.14」（和暦三月二十二日）付の報告書である。ここにサトウを「on the 11th」（和暦十九日）に江戸に再度派遣したと書いてある。『サトウ回想録』には「二十日」と書いてある。実はこれはサトウの間違いである。サトウは『サトウ回想録』に「二十日に、三日泊まりでまた江戸へ出かけ」と書いていることから、二回目の江戸派遣は「三月二十～二十三日」ということになるが、この報告書の作成日が三月二十二日であるから、逆算すると三日前の十九日に江戸に来た計算になる。つまり本当の二回目江戸派遣は「三月十九～二十二日」なのである。

もう一点、このサトウの報告書作成日は「April 14」（和暦三月二十二日）で、サトウは勝を「yesterday」（昨日）訪問したと書いている。三月二十二日の「昨日」は二十一日である。つまりサトウは勝を二十一日に訪問しているのである。

一方、勝は、『海舟日記』に「廿一日、英吉利人来訪」と書いている。サトウの報告書と勝の日記とがピタリと符合する。ではなぜ『サトウ回想録』にはこの二十一日が書かれてないのだろうか。サトウは『サトウ回想録』を書くときに、自分の書いた報告書の「昨日」を書き落としたのであろう。サトウがいつ勝を訪問したか、それが西郷・勝の「江戸会談」の前か後かなど、サトウにとってはそれほど重要なことではなかったのである。まさか百五十年ものちに、地球の裏側の埼玉の片田舎の日本人が、自分の書いた回想録と英国公文書を比べて日付の書き漏れ、書き間違いをギャーギャー騒ぎ立てるとは夢にも思わなかったであろう。いずれにしても、サトウの二回目の派遣は三月十九～二十二日で、勝訪問は二十一日であることが、公文書によって確認されたのである。

しかしそれでもなお、それ以前にサトウが勝を訪問していなかったことの証明はできていない。すなわち「悪魔の証明」はまだなのである。よってそのことを、公使パークスが本国のハモンド外務次官宛に送った二通の報告書から証明することにする。ポイントの部分のみを和訳した。

第一通目「Apr.9」（和暦三月十七日）付
「しかし、我々が連絡を取るべき日本当局の責任者とのパイプを持っておくことが非常に望ましいのですが、それはたぶんミカドの側にしかいないでしょう。
旧政権（＊旧幕府）の当局者は皆、全面的崩壊に苦しんでいるように見えます」

つまり三月十七日の時点では、幕府側の責任者が誰であるか分かっていなかったのだ。

第二通目「Apr.14」（和暦三月二十二日）付

「親愛なる閣下（＊ハモンド外務次官のこと）

私はこの報告書をフランス便で送りますが、数日後には我がイギリス便が続いて出るでしょう。そして前回九日（和暦十七日）にご報告して以来、情勢の変化はございません。名目上の交渉は、ミカドの側のしかるべき高官と前将軍との間で行なわれるものでありますが、実質的な交渉は、その下の地位にある人物によって行なわれます。

私は、その人物が誰であるか、後者の側は勝安房守であり、ミカドの側は西郷であることが分かりました。私はこの両者をかなりよく知っております。

そこで私は三月十九日に、勝と情報交換を開始するためサトウを再度江戸へ送り返しました」

パークスは幕府側の責任者が勝であることが分かり、すでに述べたように、十九日にサトウを勝のところへ送ったのである。ここで重要なのは、英国公使館側が、徳川方のキーパーソンが勝であることは、十七日にはまだ分かっていなかったが、その後分かり、十九日にサトウを再び江戸に派遣した訳だから、それが分かったのは、十八日か十九日だということである。つまり英国公文書という客観的資料により、勝は西郷との会談前にサトウとは会っていなかったということが証明されたことになる。したがって勝は会っていないサトウに「パークスの圧力」を依頼することはできない。すなわち「江戸会談」の前にパークスを使って西郷に「無血開城」

の圧力をかけたとする「勝工作説」は完全に否定されたのである。

江戸焦土作戦

〈いつぞやも話したとおり、おれも維新前には、種々の仲間と交際したよ。新門の辰（＊辰五郎）などはずいぶん物のわかった男で、金や威光にはびくともせず、ただ意気ずくで交際するのだから、同じ交際するにも力があったよ。

官軍が江戸城へ押し寄せて来たころには、おれも大いに考えるところがあって、いわゆるならずものの糾合にとりかかった。それは、ずいぶん骨が折れたよ。毎日役所からさがると、すぐに四つ手駕籠に乗って、あの仲間で親分といわれるやつどもを訪ねてまわったが、骨が折れるとはいうものの、なかなかおもしろかったよ。

「貴様らの顔をみこんで頼むことがある。しかし、貴様らは金の力やお上の威光で動く人ではないから、この勝が自分でわざわざやってきた」と一言いうと、「へえ、わかりました。この顔がご入用なら、いつでもご用に立てます」というふうで、その胸のさばけているところなどは、実に感心のものだ。

官軍が江戸へはいって、しばらく無政府の有様であったときにも、火つけや盗賊が割り合いに少なかったのは、おれがあらかじめこんな仲間のやつを取り入れておいたからだよ〉

ここには、幕府側が江戸に火をつけるという「焦土作戦」のことは書いてないが、「貴様らの顔をみこんで頼むことがある」の「頼むこと」というのが「焦土作戦」のことである。またこれに関連する以下の記述が『海舟日記』の十日のところにある。

〈竊《ひそか》に聞けることあり、官兵、当十五日、江城侵撃と云ふ。三道之兵必死を極め、進めば後ろ其市街を焼きて、退去之念をたたしめ、城地に向て、必死を期せしむと。若今我が嘆願する処を不聞、猶其先策を挙て進まむとせば、城地灰燼《かいじん》、無辜《むこ》之死数百万、終《つい》に其遁がれしむるを知らず。彼、此暴挙を以て我に対せむには、我もまた彼が進むに先きんじ、市街を焼きて其進軍を妨げ、一戦焦土を期せずんば有べからず。此意此策を設けて、逢対《あいたい》誠意に出づるにあらざれば、恐らくは貫徹為しがたからむ歟。愚不肖、是に任て一点疑を存せず、若百万之生霊を救ふにあらざれば、我先是を殺さむと断然決心して、以て其策を回す〉

勝の『解難録』にもこれらと同様のことが書いてある。「府下鼎沸《ていふつ》、乾父《おやぶん》使用」「一火策」がそれである。

これは勝が、火消しやヤクザなどの親分のところを回って金を渡し、東征軍が進撃してきたら、子分を使って市街を焼き払い焦土と化し、その進撃を食い止めるよう命じ、同時に大小の船を用意し、市民を房総に避難させる準備もした、というものである。これにより西郷に「圧力」をかけ、東征軍の江戸総攻撃を中止させようとした策である。

勝は、この策が実際に実行できるか、実行した場合に、東征軍を窮地に陥れ、かつ船で江戸中の市民を避難させるという所期の目的が達成できるか、といった実現の可能性には触れない。

西郷との会談のための策という以上、重要なのは、この「焦土作戦」が有効であったか否かである。すなわちこの策により、西郷をして、慶喜の処分を軽減し、江戸攻撃の中止に追い込むことができたか、さらには徳川の降伏条件の緩和に役立ったかという点である。

『解難録』の「一火策」には、西郷にこの策が伝わった、伝わって西郷が臆して江戸攻撃を中止した、降伏条件を緩和した、とは書かれていてない。それどころか「幸にして無事を保ち、此策終に徒労となる」と述べている。「焦土作戦」により江戸攻撃が中止になったのではない。その逆で、別の理由で江戸攻撃が中止になったのであり、その結果「焦土作戦」は不要になったといっているのである。ただ最後にこのようにイザとなれば戦うぞという、強い気持ちで臨まなければ、交渉は成功しないと記している。

この話は、火消しに火付けをさせるという発想が面白いためか、この場面は特に小説や漫画には必ずといってよいほど出てくる。学者もよく取り上げる。

以前、日本テレビがこの話をテーマにした「江戸無血開城の真相と秘策江戸焦土作戦に迫る」という番組で、火の燃え広がる様子をコンピューターでシミュレーションした。コメンテーターは「江戸の町にはスパイがいる。それが分かった西郷は当然怯《ひる》むじゃないですか」などといっていたが、この策を知った西郷がビビッて、江戸攻撃を中止したなどと言及している史料は一つもない。漫画すらそんなことは描いてない。学者の中にはこの策に触れない人もいる。

この約六百年前、日本はモンゴルの襲来を受けた。いわゆる「元寇」である。二回にわたる襲来をよく戦いこれを斥《しりぞ》けた。詳しい経緯は省略するが、その際、日本中で敵国調伏の加持祈祷が行なわれた。上は朝廷から、幕府・御家人はもとより、全国の神社仏閣でも祈祷が行なわれ、盛んに護摩が焚かれた。その甲斐あって、神風が吹き、元軍を撃退することができた、といわれている。ある教科書を引用する。

「このとき軍船は暴風雨に襲われ、元軍は大きな被害をうけました（＊文永の役）……ふたたび暴風雨によって壊滅的な損害を受け、退却しました（＊弘安の役）」

ここには、当然のことながら加持祈祷のお陰で暴風雨が起こったとは書いてないが、暴風雨によって元軍を撃退したとはっきり書いてある。元軍が退却したのは台風のためか否かは諸説あるようだが、それはここでは問題にしない。ただいずれにしても台風の被害は決定的であった。問題はその台風が、加持祈祷のお陰であったのか、という点である。現代ではそのような「神風」を信じる人はいまい。だが、これに類することを信じている人は意外と多い。しかし「やった」ということと、それが「効果があった」ということとは別である。加持祈祷を行なったのは「事実」であるが、それにより台風が来て元軍を追い払うことができた、ということとは因果関係はない。要するに加持祈祷の「効果があった」とはいえないのである。もし「効果があった」と主張するならそれを証明しなければならない。例えば日本中で祈祷のとき大量の護摩を焚いたため、空気が急速に温められ上昇し、周囲の空気が日本列島に流れ込み、強い風が起こり、それが台風になった、とか。つまり、ある事象と別の事象との因果関係の証明が重要となる。にもかかわらず二つの事象をあたかも因果関係があるかの如く安易に結び付けている。子供ならまだしも、一流の学者やマスコミが、である。

江戸無血開城の真の立役者

これまで、「無血開城」が勝と西郷の会談で実現したというのは俗説であるということを述べてきたが、ではなぜ俗説が信じられているのか。その原因として次の三つが考えられる。

①勝が鉄舟の手柄を盗んだ。
②『氷川清話』等の放談で、勝がやったと吹聴した。
③聖徳記念絵画館の壁画。

以下に詳しく紹介する。

〈昔には、すべてのことが真面目で、本気で、そして一所懸命であったよ。なかなか今のように、首さきばかりで知恵の出しくらべするのとは違っていたよ。何人も万一まかり間違ったら、自分の体を投げ出す覚悟で仕事をしたよ。功労なら、他人のものまで自分のだといい、過失な

ら、自分のものまで他人のだというようなことは、はやらなかったのさ〉
「よく言うよ」である。「他人の功労まで自分のだといっている」のは誰なのか。勝は他人の数々の功績を自分の手柄だと吹聴し、またその取り巻きが針小棒大に書いた。
「江戸無血開城」が勝海舟の功績と信じられている理由は、何といっても勝が鉄舟の手柄を盗んだからである。

明治十四年（一八八一）、新政府は維新における功績の調査を行なった。書面での提出もあれば口述する者もいた。当然、山岡鉄舟にも通知があったのだが、幕臣として当然のことをしたまでで、取り立てていうほどのことはない、と出頭しなかった。再度の呼び出しがあり、出かけて行った。すると担当の局員が「先に勝さんが見えて、かようなものをお出しになりましたが……」といって怪訝な顔をして勝の勲功録を鉄舟に見せた。鉄舟がそれを読んでみると、当時西郷と談判したこと、降伏条件の実行など、全て勝が自分一人でやったように書いてある。これは嘘だと思ったが、「勝ではなくオレがやったのだとしゃべってしまえば、勝の面目が丸潰れになってしまう。ここは勝に花を持たせてやれ」と思い直し、「このとおりだ」と局員にいった。すると局員はこの間の事情を知っていたようで「それではあなたの功績はどうなるのですか」と聞いた。鉄舟が「オレは何もない」と答えると、局員は「何もない、では困ります」といったが、鉄舟は「主君に対して家臣が成すべきことをしただけで、手柄顔もできない」と述べて帰ってしまった。この言葉にこそ鉄舟の本心が表われている。前記のように当初鉄舟は応じず、再度の要請で出頭した。鉄舟は手柄と思っていなかった。役目を与えられたから、それを遂行するのが自分の生き方であるという信念で行動した。勝が手柄を盗んだことなど、自分の生き方の対象外であり、勝手にいわせておけというのが本心であった。勝とは器が違う。

その局員は、このことを賞勲局総裁であった三条実美に伝えた。三条は腑に落ちないので、それを右大臣の岩倉具視に伝えた。岩倉は別の用事に託《かこつ》けて鉄舟を私邸に呼んで、「ところで山岡さん、維新の際の西郷との一件は君がやったと思っていたが、賞勲局の調書には勝さんがやったように書いてあるとのことだ。一体どっちが本当なのかね」と尋ねた。鉄舟はちょっと困ったが、岩倉には一目置いていたので、岩倉なら差し支えなかろうと思い、「実は勝からあのような書類が出ていたので、勝の面目のため自分は手を引いた」と述べた。すると岩倉は鉄舟の男らしさにいたく感服し、「たとえ手柄は勝に譲るとしても、君の事業は事実として後世に伝え国民の鑑《かがみ》としなければならぬ」といって、当時のことを記録するよう説得した。鉄舟もそれならと承諾して、岩倉にそのときのことを詳しく書いて提出した。それが『慶應戊辰三月駿府大總督府に於て西郷隆盛氏と談判筆記』（『談判筆記』）である。岩倉は勝の勲功報告書ではなく、鉄舟の話の方を信じたからこそ、わざわざ『談判筆記』を提出させたのであろう。そうでなければただ鉄舟の話を聞いただけで終わっていたはずである。

それにしてもこの賞勲局の局員は、なぜこのような疑問を持ったのであろうか。たまたま鉄舟と西郷の「駿府談判」を知っていたのであろうか。そうではあるまい。この明治十年代にはまだこの局員のような、当路の人物以外でも、「無血開城」が鉄舟と西郷との談判で実現したという噂を知っていたのではないか。ところが明治三十年代になって勝が『氷川清話』において放談したころには、そのような事情を知る人たちがほとんどいなくなっていたのであろう。

ここで鉄舟の功績を記録したもう一つの書、『正宗鍛刀記』について念のため少々触れる。徳川宗家を継いだ十六代当主家達《いえさと》が、徳川家が存続できたのは鉄舟の働きのお陰であるとして、明治十五年（一八八二）、徳川家重代の家宝である「武蔵正宗」の名刀を鉄舟に与え感謝の証とした。ところが鉄舟は、自分は家臣として当然のことをしたまでで、これは自分独りの働きによるものではなく、これは明治の元勲に贈られるべきものであるとして、岩倉具視に譲った。岩倉がそれを多として、名刀の由来と鉄舟の功績を口述したのが『正宗鍛刀記』である。当時一流の漢学者であった川田剛《たけし》がそれを漢文で記し、明治の三筆の一人、巌谷修が六朝《りくちょう》楷書で認《したた》めた。

当初『正宗鍛刀記』は公表されなかったが、明治十七年（一八八四）に金田清左衛門が『談判筆記』と『慶應戊辰四月東叡山に屯集する彰義隊及諸隊を解散せしむべき上使として赴むき覚王院と論議の記』に『正宗鍛刀記』を加え、『戊辰解難録』として出版したことで世に知られるようになった。

なお『正宗鍛刀記』によると、この名刀「武蔵正宗」は、元弘・建武（十四世紀前半）のころ、不世出の名工正宗による作で、かつて宮本武蔵が所持していたが、紀伊藩主が購入し、幕府に献上した、と書かれている。

徳川家存続の功労者

勝は、しばしば書簡を日記に書き残している。例えば鉄舟が駿府に行くとき手渡したといわれる西郷への手紙は、『海舟日記』に全文を書き写している。それではなぜ賞勲局に提出した勲功録を日記に書き残さなかったのであろうか。実はできなかったのである。例えば勝の『解難録』には、鉄舟が駿府に行き降伏条件を持ち帰ったこと、徳川方の嘆願書の内容、「焦土作戦」、また、西郷に出そうとしていた手紙などは書かれているが、肝心の「江戸会談」の内容、すなわち西郷との具体的なやり取りは書き残していない。記録魔の勝にしてはどうしても不可解である。火消しの頭《かしら》がどうの、博徒《ばくと》の親分がどうの、と書く暇があったら、西郷をどのように説得したのか、その交渉の経緯を詳しく書き残せばよいではないか。西郷と勝による「江戸会談」については、会談に同席した渡辺清の『江城攻撃中止始末』しか残っていない。勝が記録に残していないことこそが、「江戸会談」の中身がなかったことの何よりの証拠ではないか。

勝が提出した勲功録には、どのようにして西郷を説得したのかを、実は鉄舟が尽力したことを自分がやったように書いたのではなかろうか。さすがの勝も、座談ではホラは吹けても、日記等に作り話は書けなかったのではないだろうか。しかもその放談にも、具体的な内容は書いてない。勝なら「西郷が慶喜を備前お預けといったので、『冗談じゃネエ、上様を差し出せるもンか。立場を逆にして考えてみネエ。オマエさん、島津の殿様を差し出せるカエ。出来ネエだろう』といってやったよ。そしたら西郷のやつム、ムッと黙り込んでしまった。しばらくして『分かりもした。慶喜殿のことはこの西郷が一身に代えてお引き受け申す』といったよ。これで上様の首はつながったのヨ」くらいのことはいいそうなものである。

『正宗鍛刀記』は、「無血開城」を語る場合に欠かすことのできない重要な歴史資料であるが、なぜか勝部真長、松浦玲両氏とも自著に記載していない。勝海舟研究の大家がこの書を知らないはずがない。都合の悪いことは見て見ぬふりをする、「視れども見えず」でシカトしたのではないだろうか。勝の功績を称えるにはこれほど邪魔な史料はないのだ。なにしろ鉄舟が勝に「無血開城」の功績を譲った、いい換えれば勝が奪った、それを当時の元勲岩倉具視が認めて、敢えて記録に残した。そこには鉄舟の西郷との談判、徳川家達が鉄舟の功に報いて武蔵正宗を下賜《かし》したことが書かれている。しかも当代一流の漢学者に文章を書かせ、明治の三筆の一人に清書させたのである。

これは一部の関係者のみが知る話ではなく、広く一般にも知れ渡っていた。その証拠に当時の新聞にこのことが掲載されているのだ。参考までに当時の新聞記事を紹介する。

徳川家贈与の武蔵の刀を岩倉具視に献上

武蔵正宗の記　山岡鉄太郎君が徳川家恭順の時に尽されたるその功績の著大なりしことは、前号の紙上に連載せるごとし。その後徳川家達公は君の功労を追思し、徳川家に伝わりて宮本武蔵の佩刀《はいとう》たりしを以って武蔵正宗と名づけたる稀世《きせい》の名刀を賜わりたるを、君は岩倉右府に献ぜられたり（明治二十一年七月二十九日付、東京日日新聞）。

では、家達はなぜこの武蔵正宗を勝にではなく、鉄舟に与えたのであろうか。主君が家臣に刀を下賜するのは、その家臣の功績を称える場合である。しかもこれは徳川家の家宝である。この明治十五年（一八八二）の時点では、徳川家の家名が存続できたのは鉄舟のお陰である、それは取りも直さず「無血開城」は鉄舟の功績という認識を、徳川家では持っていたからであろう。また誰もがそれを知っていたであろう。もし勝が最大の功労者と認識していれば当然、勝に下賜したはずである。また二人を同等に評価していれば、二人に同時に与えたであろう。それを鉄舟にのみ与えたということは、家達が鉄舟を徳川家存続の最大の功労者と見做していたからに違いない。

ちなみに慶喜は、将軍として、多くの家臣に刀を下賜した。城明け渡しの前日十日、勝は日記に「此夜以思召、御刀拝領」と書き、一方、鉄舟は書に「御手つ可ら来国俊之御短刀拝領被仰付」と記している。つまり慶喜は水戸出立前夜に、勝にも鉄舟にも刀を与えたようである。いずれにしても、慶喜が刀を与えたことと、世が治まったあとに、家達が熟慮の上、武蔵正宗を鉄舟にのみ与えたこととは重みが違う。武蔵正宗のことは新聞にも載ったくらいであるから、勝も当然知っていたであろう。もし勝も貰っていれば『氷川清話』にでも得々として語っていたはずである。

〈功労なら、他人のものまで自分のだといい、過失なら、自分のものまで他人のだというようなことは、はやらなかったのさ〉

先に引用した箇所の一部だが、この一言が『氷川清話』という放談の極め付きと思う。

『海舟座談』（講談社）では、次の一言がそれである。

〈ナアニ、維新の事は、己と西郷とでやったのサ〉

『氷川清話』『海舟座談』のいい加減さはすでに縷《る》々《る》述べてきたので、改めて説明するまでもない。この二つの引用にそれが語り尽くされている。他人の功まで「オレがやった、オレがやった」では、オレオレ詐欺ではないか。

『氷川清話』では西郷隆盛のことはたびたび称賛しているが、鉄舟のことにはほとんど触れていない（西郷の名は三十三カ所に九十九回も出てくる）。

なお鉄舟に触れている箇所は次の三カ所しかない。なぜか全て大久保一翁と一緒に語られている。あまり意味のない内容だが、意味がないことを知るために一応紹介する。

〈この時分は、やかまし屋がずいぶん諸国からやってきたよ。しかし勝にいってもむだだと思ったかしらぬが、おれのところへはだれもこずに、大久保一翁や、山岡鉄舟のところへ皆おしかけていって、幕府のいくじがないことを激しく論じたようすさ。大久保も山岡もたいそう閉口したようだったから、「そんな奴に取り合うな、うっちゃっておけ」といってやったら、あとでなんだかぶつぶついったそうだ〉

〈維新のころには、妻子までもおれに不平だったよ。広い天下におれに賛成するものは一人もなかったけれども、(山岡や一翁には、あとから少しわかったようであったが)、おれは常に世の中には道というものがあると思って、楽しんでいた〉

〈山岡鉄舟も、大久保一翁も、ともに熱性で、切迫の方だったから、かわいそうにわか死にをした。おれはただずるいから、こんなに長生きしとるのさ〉

上の右の絵は、明治神宮外苑の聖徳記念絵画館にある、昭和十年(一九三五)に結城素明が描いた「江戸開城談判」という有名な壁画である。読者はこれを見てどう思われるだろうか。「無血開城」は西郷と勝の会談で成った、と思うであろう。実は、この席には山岡鉄舟もいたのであるが、描かれているのは西郷と勝の二人だけである。この絵

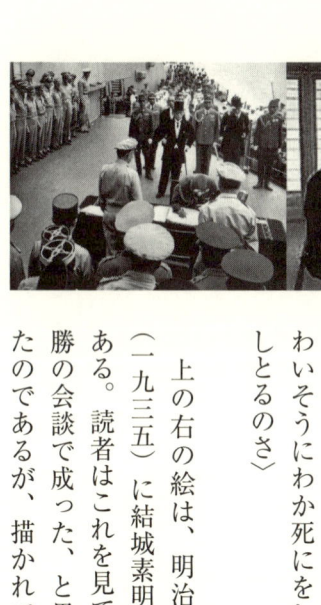

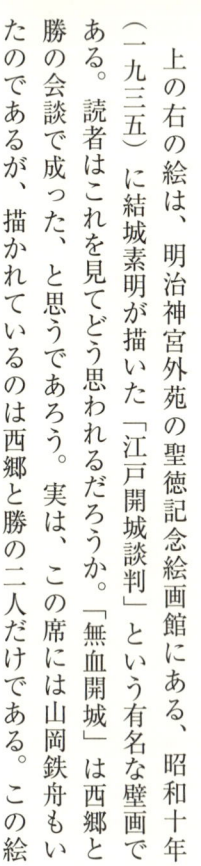

の効果は抜群で、ほとんどの教科書に載っており、誰でも一度は目にしているはずである。これで「江戸無血開城」は西郷と勝の会談で決まったと思い込まされてしまうのである。

西郷と勝が会談をしたのは紛れもない事実である。事実でないのは「この会談で『無血開城』が成った」ということである。ある教科書に、この絵の説明として「この江戸城無血開城は、勝と西郷が大局的な視野に立って決断した結果でした」と書いてあるが、これが間違いなのである。

この西郷・勝の「壁画」との対比で少々説明すると、左は降伏文書署名時の戦艦ミズリー号上の日本全権重光葵とマッカーサーである。中央のシルクハットが重光、右の後ろ姿がマッカーサー。これは「絵画」ではない。写真である。重光とマッカーサーがミズリー号上で会したのは事実である。もしこの写真の解説に「あの大戦が終結したのは、重光とマッカーサーが大局的な視野に立って決断した結果でした」という解説が付されていたらどうであろう。知らない人は、そうか終戦の功労者は重光とマッカーサーか、と思うであろう。西郷と勝の「江戸開城談判」の「壁画」もこれと同じである。

放たれた複数の矢

慶喜は、新政府軍の進撃を食い止めるため、何本もの矢を放った。

慶喜自身、和宮に依頼し「手紙」を新政府軍に届けた。「軍事取扱」という急ごしらえの肩書を冠して臨時ネゴシエーターに勝を登用したのもそのうちの一本に過ぎない。

その意味では、「鉄舟派遣」も同様に何本かの矢の一本であった。

和宮、篤姫も嘆願書を送った。

諸大名も嘆願の手紙という矢を放った。

公現法親王（明治天皇の叔父、のちの北白川宮）を使者に立てたのも同様である。

放たれた複数の矢のうち、勝と鉄舟以外の矢についてもう少し触れておきたい。

まず、慶喜自身の嘆願書であるが、これは恭順を表明するというより、軍勢を送るとなれば内乱が起こるぞ、という一種の威しのような内容であったため、これを読んだ西郷隆盛を激怒させる結果となってしまった。このとき西郷は大久保利通への手紙に「慶喜退隠の嘆願、はなはだもって不届千万、是非切腹までには参り申さずては相済まず」と書いている。

次に、和宮（静閑院宮）の嘆願であるが、京都の橋本大納言実麗《さねあきら》・少将実梁《さねやな》に嘆願書を送ったが、内容は「慶喜一身を何やうにも仰付けられ」「慶喜は身より出たる咎《とが》なれども」と慶喜については極めて冷淡であり、「何とぞ家名は立行くやう」「当家も是れ限り断絶の思召《おぼしめし》にあらせらるるか」ともっぱら徳川家の断絶を心配し、その存続を願っている。その理由は「私の進退いかが致すべき」「亡夫への貞操も立ち難ければ」と、婚家（徳川家）を潰しては嫁としての一分が立たないというものであった。使いの土御門藤子の報告は「朝廷は謝罪の次第により て寛大の御処置あらせらるべき意ある」というものであったが、鉄舟が持ち帰った条件のような具体的な内容は何もなかった。また孝明天皇亡きあとの和宮は、徳川・朝廷どちらの側にとっても重要性は減じていた。

さらに篤姫（天璋院）も「当人はいか様天罰被仰付候ても是非に及ばざる事にて候へば」「徳川家安堵《あんど》致候様、御所え御取成之程折入而御頼申候」と、慶喜などどうなっても構わないが、徳川の家名だけは何とか残してもらいたいと、和宮と全く同趣旨の嘆願を行なっている。その理由も「存命中当家万々一之事出来候ては、地下において何之面目も無之」とこれまた和宮と同じである。

この大奥の女性二人は、いずれも婚家の安泰を願っているという点で共通している。一部に、彼女たちの嘆願が西郷を動かし、江戸攻撃を中止させた、勝が二人を人質として西郷を説得したといった説を唱える向きもある。西郷が主筋の篤姫の手紙に涙したという話はあるが、それにより江戸攻撃を中止したという史料はない。西郷が前記の慶喜の嘆願を見て大久保に送った手紙には「静閑院宮と申しても、やはり賊の一味となりて」とすら書いている。また西郷は鉄舟に「先日静閑院宮、天璋院殿の使者来たり、慶喜殿恭順謹慎の事嘆願すと雖も、只恐懼して更に条理分らず」ともいっている。つまり鉄舟に会った時点では大奥の女性の嘆願では何も決まっていないといっている。これも「焦土作戦」で述べたような、元寇のときの夷狄調伏の加持祈祷と暴風（神風）との関係と同じで、「大奥の女性の嘆願」と「江戸攻撃中止」という二つの事象に因果関係はない。

さらに、一橋茂栄《もちはる》が駿府に向かったが川崎で阻止された。また服部筑前守ら大名四十三名が次々と嘆願書を送ったがいずれも効果がなかった。

最後に、上野寛永寺の輪王寺宮公現法親王は慶喜の依頼で駿府まで赴いたが、追い返され、三月十三日に空しく東帰した。これについて江藤淳氏が『海舟余波』で、田中惣五郎氏の説を紹介して次のようにいっている。徳川方からの嘆願の道筋は三種類（和宮から公家へ、公現法親王から大総督へ、諸侯から新政府へ）であったが、いずれも効果がなく、江戸総攻撃直前のこの段階では、「和平工作は、朝廷のレヴェルでも藩侯のレヴェルでもなく、参与以下の下級武士のレヴェルでおこなわれるのでなければ、実効を期待しがたかった」と述べている。下級武士とは、すなわち西郷であり勝であり鉄舟であった。

放たれた様々な矢は、あるものは的を外れ、あるものは届かず、あるものは鎧にはじかれ、一本も敵を倒すことができなかった。その中で鎮西八郎為朝が強弓で放った、鑿《のみ》に矢軸を付けたような太矢が唸りを上げて飛んで行き、西郷の心臓に深く突き刺さった。この矢こそが鉄舟だったのである。それまで誰も有効な手立てがなく、鉄舟の矢が成功するとは、慶喜自身も勝もあまり大きな期待はしていなかったかも知れない。その意味では結果論のように見えるが、そうではない。なぜなら、このとき幕臣の中に鉄舟以外に西郷の心を捉え、譲歩させられる人物が他にいなかったからである。鉄舟は日ごろ剣と禅により己を磨くことに人並外れた努力をしていた。その鍛えに鍛え溜め込まれた巨大なエネルギーが、西郷との「駿府談判」の一瞬に、論理の鋭さと心を揺さぶる気迫となって一気に噴出し、西郷を捉えたのである。これこそが鉄舟が鍛え上げた武士道の精華であった。この役は鉄舟以外には務まらなかったであろう。

ところで、このときの勝を、慶喜に次ぐ徳川の「ナンバー2」という人がいるが、これは肩書に囚われた実態を理解しない見方である。軍事政権であるから、軍のトップとなれば、慶喜に次ぐ「ナンバー2」と思われるかも知れないが、役目は飽くまで新政府軍との和平交渉の臨時ネゴシエーターに過ぎない。決して徳川家の実権を握った訳ではない。肩書は交渉に都合のよいように付けただけで、徹底抗戦か和平かの選択権などは勝には元々ないのである。それは勝の肩書が付いていった経緯・時期を見れば明白ではないか。

勝は「宮島会談」に失敗したあと、一年三カ月の間は閑居していた。この間に、慶喜が将軍となり、大政奉還、王政復古、そして鳥羽・伏見の戦いが起こった。この期間、勝は「お雇い教師」「灯台設置」等の雑用をしていたのだ。松浦玲氏の表現を借りれば、勝は常に傍系の軍艦奉行にとどまり、政権の中枢部には入れなかったということになる。

一月十一日に慶喜が江戸に逃げ帰り、翌十二日から和戦両派が大激論を繰り広げていた。そして抗戦派が敗れ、その最右翼であった小栗上野介が慶喜から罷免されたのが十四日（正式には十五日）であった。つまりこの時点では慶喜は和平に決していたのである。勝が呼び出され、軍艦奉行から「海軍奉行並」に昇格したのはその直後の十七日であるから、勝には抗戦選択の余地などなかったのだ。さらに二十三日に「陸軍総裁」になったが、これは陸軍を率いて戦うためではない。そうであるなら慶喜は小栗を残しているはずである。だがしばらくの間は、例によって慶喜の気持ちはフラフラしていた。

そしてついに決心して上野寛永寺に謹慎するのが二月十二日である。勝が「軍事取扱」を命じられるのはその後の二十五日、つまり勝がしかるべき地位に就いたのは、全ての和平が確定したあとなのである。ここでまた架空劇場を一つ。

慶喜「安房、海軍奉行並をいいつけたが、今度は陸軍総裁を任せる」
海舟「ハハ、ありがたき幸せ。陸軍を率い、身命を賭して新政府軍を打ち破ってご覧に入れます」
慶喜「安房、誤解するでない。新政府軍と戦うつもりなら小栗に命じておる。お前はいつものようにネゴシエーターとして、新政府軍との和平交渉をすればよいのじゃ」
それから一月後。
慶喜「安房、今度は陸海軍を統括する軍事取扱を命ずる。頼んだぞ」
海舟「ハハ、ありがたき幸せ。今度こそ陸海軍総力を結集し新政府軍を叩き潰して見せますので、ご安心くだされ」

慶喜「バカモン！　何を勘違いしておる。戦うくらいなら小栗や榎本武揚に任せておる。お前の役目はネゴシエーターで、新政府軍の攻撃をやめさせることじゃ。間違っても戦いなど起こすでないぞ。お前が甲冑を身に着け馬上で指揮する姿などワシには想像もできぬワ」

つまり勝は、軍事のトップの肩書を与えられはしたが、実質的なトップではない。飽くまで臨時の和平交渉役に過ぎない。その証拠に、静岡に移住した時点での地位は、家老・中老の下で、鉄舟と共に「幹事役」となっている。現代の会社で家老・中老が取締役とすれば、「幹事役」は総務部長クラスの役であろう。もし勝が「無血開城」の功労者であるというなら、中老くらいになってもよいはずである。

たとえ話

それでもなお、形式的にでも勝が軍事トップとして「無血開城」を決めたとこだわる勝ファンのために、創作だが、分かりやすいたとえ話を挙げてみよう。

野球の日本シリーズ、三勝三敗で迎えた最終戦の第七戦。味方は三対〇で負けており、すでに九回裏となり満塁としたが、二アウトという絶体絶命のピンチ。監督は代打を出し尽くしてしまっており、もう頼れる選手が残っていない。すると球団オーナーが、側近のアドバイスで監督と相談もせずに、いきなり二軍から一軍に昇格させたばかりの無名選手を代打に指名した。監督はこの選手を全く知らなかったが、オーナーの命令なのでやむなく代打に送り出した。もちろん相手投手のクセなど打撃についてのアドバイスを与えた訳ではない。ところがこの選手がホームランを打った。代打逆転サヨナラ満塁ホームランである。そしてそのチームは優勝した。さて殊勲者は誰であろう。もちろんこの代打の選手である。もしくはこの選手を指名したオーナーである。少なくとも監督ではない。代打選手の名は山岡、オーナーは徳川、監督は勝であった。付け加えればオーナー側近は高橋。

もう一つ、小説からたとえ話を挙げよう。山本兼一氏作の『火天の城』は、安土城を建てた尾張熱田の宮大工岡部又右衛門の物語である。これは西田敏行主演で映画化された。信長に見込まれその家来になっていた岡部又右衛門が、信長から安土城という途方もない五重の天守を持つ城の建築を命じられ、幾多の困難を乗り越え安土城を完成させるというストーリーだった。さて、この話を持ち出したのは、安土城建築の功労者は誰かということである。もちろん又右衛門である。命じたのは誰か。信長である。信長が又右衛門に直接命じたのである。「無血開城」に当てはめれば、鉄舟が又右衛門で、慶喜が信長となる。それでは勝海舟に当たるのは誰か。築城総奉行である丹羽長秀である。丹羽長秀が又右衛門を見込んで築城を命じた訳ではない。見込んだのは信長である。だから安土城建築の功労者は丹羽長秀である、とは誰もいわない。「江戸無血開城」の功労者は勝海舟であるというのは、安土城築城の功労者は丹羽長秀であるというのと同じなのだ。

第四章　明治の勝海舟

江戸の治安維持

〈さて西郷の一諾で、ひとまず事は治まったが、ここにいま一つの困難というのは、これからさき江戸の人民をどう始末しようかという問題だ。しかしおれの方では、徳川の城さえ明け渡せば、あとは皆官軍で適宜に始末するだろうと思って、始めは黙って見ていた。そこはおれも人がわるいからね。

しかるところ、これには向こうでも困ったとみえて、西郷も相応には人がわるいさ。「府下のことは何もかも勝さんがご承知だから、よろしくお願い申す」といって、このむずかしい仕事をおれの肩へ投げかけておいて、自分はそのまま奥州の方へ行ってしまった。

おれもいまいましかったけれど、しょうがないからどうかこうか手をつけかけたところが、大村益次郎などという男がおれを憎んで、兵隊なんか差し向けてひどくいじめるので、あまりばかばかしいから家へ引っ込んで、それなり打っちゃっておいた。すると大久保利通がきて、ぜひぜひとねんごろに頼むものだから、それではとて、おれもいよいよ本気に肩を入れるようになったのだ〉

この話はデタラメのオンパレードである。間違い探しのクイズかと思うような酷さである。

①まず、「あとは皆官軍で適宜に始末するだろうと思って、始めは黙って見ていた」というのが間違いである。なぜなら城明け渡し後の江戸の治安維持は、徳川方に任されていたからで

ある。新政府が示した降伏条件の最後の一条件は「玉石共に砕く之御趣意、更に無之に付、鎮定之道相立、若《もし》暴挙致候者有之、手に余り候はば、官軍を以て可相鎮事」とある。つまり江戸の治安維持は徳川方で行なうが、もし手に余れば官軍が鎮定するというものである。この条件は、最初に西郷が提示した条件を、徳川方はそのまま受け入れたので、「江戸会談」では徳川方の条件緩和嘆願の対象になっていなかった。それを勝老人、アレッ、そんな話したっけな、と忘れてしまったのではないか。

②次に、「自分はそのまま奥州の方へ行ってしまった」といっているが、西郷はその後、治安維持を勝に頼みはしたが、奥州へ行ってはいない。江戸に留まり五月の彰義隊との上野戦争に参戦し、五月末には京都経由で鹿児島に帰っている。北陸に向かって鹿児島を出帆したのは八月二日である。勝は、確かに江戸開城の翌月閏四月二日に、田安中納言（徳川慶頼《よしより》）、大久保一翁と共に「江戸鎮撫万端取締」を委任されている。しかし江戸城を明け渡したのはいいが、徳川家の処遇が決まらず、旧幕臣の間では不満が燻り、江戸市中には不穏な空気が漂っていた。一方、朝廷側も、西郷の態度は徳川に甘いと見て、閏四月十日に三条実美を関東監察使とし、東下を決定した。なおこれには大総督府の軍監となった江藤新平が同行してきた。つまりこのころには、大総督有栖川宮熾仁親王、西郷隆盛らの対徳川穏健派から、三条実美、大村益次郎、江藤新平らの対徳川強硬派に、権力の移行が起こっていたのである。そして翌月五月一日には彰義隊の市中取締の任が解かれることになる。これは、市中の治安維持の役割が旧幕府から新

政府の手に移ったことを意味する。さらに彰義隊の位置付けも、公認の警察力から反乱軍へと百八十度変わってしまう。これにより勝の任もわずか一カ月で解かれたことになる。西郷に頼まれ江戸の治安維持に奔走したのは事実だが、結果的には何もできなかった。

③さらに「大村益次郎がいじめるから、あまりばかばかしいから家へ引っ込んで、それなり打っちゃっておいた」と治安維持をサボったというが、大村が勝をいじめたのは、すなわち官兵が勝邸に乱入し刀槍・雑物を略奪したのは、上野戦争と同日の五月十五日であり、この時点では江戸の治安維持、警察権はすでに新政府軍に移っていた。勝はサボったのではなく、任を解かれていたのである。

④最後はもっとヒドイ。「すると大久保利通がきて、ぜひぜひとねんごろに頼むものだから、それではとて、おれもいよいよ本気に肩を入れるようになったのだ」と語っているが、大久保は勝に治安維持など頼んではいない。なぜなら大久保が江戸に来たのは六月二十一日であり、勝が解任された五月一日よりずっとあとである。江戸にいない大久保がどうやって頼みに来られるのか。もしかしたら、大久保は大久保でも、大久保一翁ではないのか。一翁がお茶でも飲みに来たのを勘違いしたのではないか。勝が大久保利通に会えたのは、大久保が江戸に来てほぼ二カ月後であり、京都へ帰る直前であった。二人が初めて面会したのは八月二十六日である。念のためこの前後の二人の日記を引用しておこう。

『大久保利通日記』
六月十八日「十二時に英船に乗る。一時船発つ」（＊この日にイギリス船で大坂を出帆）
六月二十一日「三時に江戸築地着」（＊この日、文久三年以降初めて江戸入りした）
八月二十六日「勝面会」

『海舟日記』
七月一日「大久保一蔵、江戸に到る。或は云ふ、三条殿の参政也」（＊このとき勝は初めて大久保が江戸に来ていることを知った）
七月八日「小松帯刀《たてわき》来訪。（中略）大久保氏へ、我が家臣下御処置の事頼み遣わす」（＊まだ大久保には会えず、小松帯刀を通じて大久保に依頼している）
八月二十六日「大久保氏より返書到来、四時尋訪すべき旨申越《もうしこす》。問尋、当節の心裡を訴ふ」（＊やっと会えたのである）

蛇足ながら、二人の面会直後の九月に、大久保はいったん京都に帰り、直ぐに再度東京に出てきている。そして十月五日、十一月十三日に二人が会ったことが、それぞれの日記に書かれている。

なおこの箇所と似たような勝の放談がもう一カ所あるので紹介しておく。

〈官軍が江戸城にはいってから、市中の取り締まりがはなはだめんどうになってきた。これは幕府はたおれたが、新政府がまだしかれないから、ちょうど無政府の姿になっていたのさ。しかるに大量なる西郷は、意外にも、実に意外にも、この難局をおれの肩に投げかけておいて、いってしまった。「どうかよろしくお頼み申します。後の処置は、勝さんがなんとかなさるだろう」といって、江戸を去ってしまった。この漠然たる「だろう」にはおれも閉口した。実に閉口したよ〉

「意外にも、実に意外にも」という勝の方が意外である。西郷に頼まれたとき勝は「承知いたした。お約束通り、この勝がお引き受けいたす、ご安心召されよ」といったはずである。これを語っているころの勝は筆者の歳であるが、現在の感覚なら九十歳くらいであろうから、三十年も前のことは忘れたのかも知れない。

東京奠都

〈全体、江戸は大坂などとは違って、商売が盛んなのでもなく、物産が豊かなのでもなく、ただ政治の中心というので、人が多く集まるから繁昌していたばかりなのだ。それゆえに、幕府が倒れると、こうなることはもとより知れきっていたことさ。

ついては、この人たちに何か新たな職業を与えなければならないのだが、なにしろ百五十万という多数の人民が食うだけの仕事というものは容易に得られない。そこでおれは、この事情を詳しく大久保（＊利通）に話したら、さすがは大久保だ。それでは断然遷都のことに決しようと、こういった。すなわちこれが東京今日繁昌のもとだ。

ちょうどこのことを決するときには、大久保と吉井（＊友実）とおれと三人同席しておったのだが、大久保も吉井もすでに死んでしまって、おればかり老いぼれながらも生き残っているので、まことに今昔の感にたえないよ〉

これを読むと、「東京奠都《てんと》」は勝がいい出し、大久保利通に伝えて決したかの如く聞こえる。しかも勝のお陰で東京が繁栄しているかのようではないか。では勝はこの「東京奠都」に本当に絡んでいたのであろうか。

「東京奠都」の話は慶応四年（一八六八）閏四月一日、つまり江戸城明け渡し直後、上野戦争よりも前に、江藤新平らによって岩倉具視に建白されている。そして六月には木戸孝允らが、江戸が適当か否か調査し、七月十七日には「江戸ヲ称シテ東京ト為スノ詔書」が発せられているのである。この間、勝が口を出す機会などない。「江戸の治安維持」で詳しく説明したとおり、勝と大久保が初めて顔を合わせたのは八月二十六日である。この時点では東京奠都はとうに決まっていた。勝自身「大久保も吉井もすでに死んでしまって」というように、勝は、もう誰もいなくなったころに、自分がやった自分がやったというのである。勝手にホラを吹いている分には構わないが、これを信じる人が出てくると困るのである。

「江戸の治安維持」もこの「東京奠都」もそうだが、勝には、何でもかでも自分がやった、お偉いさんが頭を下げて頼みに来た、あまり気が進まないがやってやった、という類の話が実に多い。しかも失敗した話でも、失敗だったとは滅多にいわない。黙って聞いていれば皆うまくいったように聞こえるのである。その典型例が「無血開城」である。勝は大局観を持っていた、先見の明があったと英雄視している海舟ファンは、何でもかでも勝がやったことにしてしまう。えら〜いお坊さんの弘法大師の伝説は日本全国至る所にある。ある娘がわずかな水を全部弘法大師に与えた。すると翌朝、磐梯山の麓に大きな湖ができていた。猪苗代湖である。この話を信じる人はいないだろうが、勝の話は信じて、銅像や碑を建てたり、展示場のパネルやパンフレット類にも書き込まれたりするのである。猪苗代湖のほとりに弘法大師の像が建っているかは知らないが。

海軍卿兼参議

〈海軍卿の時かエ……。みンな、川村（＊純義）サ。川村が次官だから、功はあれに帰させたよ。時々出ていって、小印をつくばかりサ。何もしないよ〉

かつて川村純義は五代友厚らと一緒に薩摩藩より選抜されて長崎海軍伝習所へ第一期生として入所しており、勝と同期であった。西郷からは実弟のように可愛がられたとか。いずれにしても勝とは旧知の間柄であった。

〈それから、参議サ。その頃は大木（＊喬任）のお伴で、ズンズン印をついた。「あなたは少しも御覧なさらぬようだ」というから、「ナニ、お前が印をつくから、つくのだ」と言ったのよ。大久保（＊利通）は大変勉強家だからそれを大そう嫌がったよ〉

この大木喬任は佐賀藩士で、このころは司法卿を務めており、大久保利通の側近であった。だから大久保は勝の仕事振りを知っており、真面目にやらないのを嫌ったのであろう。

これらは勝が海軍卿兼参議のときの『海舟座談』の話である。勝がこの地位に就いたのは明治六年（一八七三）十月二十五日である。この前日の二十四日に西郷隆盛が参議を辞職している。その翌日には桐野利秋や篠原国幹ら西郷派の政治家と軍人が大量に辞任した。勝は西郷一派と交代するかのように登用されたことになる。しかし翌七年八月二十八日に三条実美に辞表を提出するまでおよそ十カ月、実質的には何もしていない。

そのことを物語るようなエピソードが『氷川清話』にある。

〈あるとき、おれが地獄屋へはいるのを見たものがあるとかで、三条公から忠告をうけたが、おれは平気で、「あれは私の昔からの友だちです」といったら三条公はびっくりして、「いくらなんでも参議の身分でそんなところに出入するのはいけない」といわれたけれど、なあに、向こうでは地獄屋をしてるか知らないけれど、おれの目にはただ昔の友だちとみえるのだもの〉

「地獄屋」とは、吉原のような公認の遊郭ではなく、場末の売春宿のことである。三条に告げ口した者も三条も、吉原のようなまっとうな遊郭なら別に意に介さなかったであろう。勝のことだから、こういう連中と友達付き合いもあったであろうし、また女好きの勝であるから身分など関係なく出入りしていたかも知れない。

勝は、「参議の身分だからいけネエというなら、そんな堅苦しい肩書なんぞいらネエ。参議でなけりゃ自由に出入りしても構わねえんだナ？」といって、地獄屋への出入りをやめずに、わずか十カ月で参議の辞表を出してしまったとか。参議の肩書と地獄屋通いを天秤にかけ後者を選択したとしたら、勝海舟の面目躍如たるものがあると、筆者も拍手を送るのだが。

久光呼び戻し

〈その後（＊明治六年）鹿児島で久光公の徒と西郷の徒が争っていけぬ。是非久光公を連れて来てほしいという時にも、佐野（＊常民）の所で、大久保からの頼みがあった。とてもオレでは行けぬと言ったが「西郷から内々にそういって来た。勝さんが来てくれれば纏《まと》まる」と。「それなら行きましょう、西郷には報いなければならん」と言って早速出かけて行った。オレが話した所、直ぐに分って「そういう事なら行く」と言って直ぐに来られた。この時も大久保は「もう二度とこういう事はお頼み申さない」と言って、平蜘蛛のようになって頼んだから、モウこう再三オレに全権を任せて頼むことはすまいと思っていたよ〉

『海舟座談』の記述である。西郷たちが新政府でどんどん新しい政策を推進していくので、島津久光は面白くない。久光は徳川を倒せば、自分が将軍になり島津幕府ができるくらいに考えていたのに、下級武士の西郷や大久保が新政府を牛耳ってしまった。そんな訳で新政府に久光は服さない。明治四年（一八七一）七月に「廃藩置県」の詔書が出たときには、城で一晩中花火を上げて不満を表明した。大久保はそんなことは意に介さないが、西郷は主君に歯向かうということができない。久光が激怒しているというので、明治五年（一八七二）十一月に詫びるために鹿児島に帰ってしまった。このため新政府は、久光を中央に引っ張り出し、しかるべき地位に就け、懐柔しなければならなかった。

それで鹿児島に久光呼び出しの使者を送ることになったのである。そこで勝がネゴシエーターとして選ばれた。勝は新政府にとってもネゴシエーターとして重宝な人間であったのだ。しかし大久保利通が頼むはずがない。三条実美が勝に依頼したのは二月三日であり、勝が久光に鹿児島で面会したのは三月二十一日である。大久保が遣欧使節から帰国したのは五月二十六日であるから日本にはいなかったからだ。今なら大久保がヨーロッパからスマホで「勝先生、お願いします m(_)m」と頼んだのを見た勝が、「m(_)m」を大久保が「平蜘蛛」のようになって頼んでいると勘違いするかも知れないが。

〈それでも、西郷が国に行って（＊久光と）われた時（＊喧嘩した時）に、三条さんから、どうかお前に行ってもらいたいというから、馬鹿馬鹿しいと思って断ると、西郷の手紙を見せて、

「それでも、こういうように、是非、勝をよこしてくれとある」というから、己はコウやってツクヅク見ていたが、ひどく感激したから、『それなら行きます』と言ッて、翌日、長崎へ御用があって行くという書付けをもらって、一人で行って、久光を連れて来たのサ〉

このように『海舟座談』の別の箇所では、大久保ではなく、三条に頼まれたといっている。それに、「西郷の手紙を見せて」というのも疑わしい。いかにも西郷から頼まれたから行く、西郷には恩義があるというような話にしている。松浦玲氏によると、この手紙の現存は確認できていない。また一人で行ってというのもウソである。大体このような使者が一人のはずはない。公家で侍従の西四辻公業と一緒に行ったのである。

さて、勝は久光を呼び戻すために鹿児島へ行ったのであろうか。もちろん名目はそうである。名目といえば、松浦氏は「長崎に行けとのカムフラージュ的な命令が出たようで」といっている。さらに松浦氏は「久光を東京に呼ぶことに成功すれば、西郷も出てくることができるという見込みなのだった。こういうことは勝は巧い」とも書いている。つまり勝の鹿児島行きの真の目的は西郷の呼び戻しだったというのだ。

しかし勝自身は西郷を連れ戻しに行ったとは述べていない。「久光公を連れて来てほしい」とか「久光を連れて来たのサ」と語っているだけである。もし勝が西郷を連れ戻しに行ったのであれば、そのように述べるはずである。いずれにしても呼び戻された久光は内閣顧問、左大臣に任命された。左大臣といえば、三条太政大臣、岩倉右大臣に並ぶ官位である。

蛇足であるが、勝の出張が「長崎行きはカムフラージュ的な命令」だったというが、帰りにちゃっかり長崎に寄っている。目的は愛人梶玖磨の産んだ梅太郎に会うためである。玖磨はすでに亡くなっていた。

西郷説得

〈明治十年の役のときに、岩倉公が、三条公の旨を受けて、おれに「西郷がこのたび鹿児島で兵を挙げたについては、お前急いで鹿児島へ下向し、西郷に説諭して、早く兵乱をしずめて来い」といわれた。

そこで、おれは、「当路の人さえ大決断をなさるなら、私はすぐに鹿児島へ行って、十分使命を果たしてご覧にいれましょう」といったら、岩倉公は「お前の大決断というのは、おおかた大久保と木戸とを免職しろということであろう」といわれたから、おれは「いかにもさようでござる」といったら、「それは難題だ。大久保と木戸とは、国家の柱石だから、この二人は、どうしても免職することはできない」といわれたので、「それではせっかくのご命令であるけれども、とてもお受けいたすことはできない」といって、おれは断わってしまった。

ところがあとで聞けば、このとき鹿児島では桐野が「旗揚げのことが政府へ知れたら、今に勝麟（＊海舟）がだれかの密旨を受けて、やって来るであろう」と西郷に話したら、西郷は「ばかをいえ、勝がでかけてくるものか」といって笑ったそうだ。

どうだ、西郷はこのとおり、ちゃんとおれの胸を見ぬいていたのだ。もはや二十年の昔話ではあるけれど、これらがいわゆる真正の肝胆相照らすということの好適例だ〉

『氷川清話』のこの箇所を読んだ読者は、岩倉に頼まれたときの勝は、図星をいった、いかにも勝らしい答え方をした、と思うであろう。勝は『海舟座談』でもこの件を次のように語っている。

〈「どうぞ行ってくれ」と言うから、「行かないこともないが、その代わり、全権です、どんな事をするか、知れませんよ」と言ッた。「どういうことだ」というから、「大久保でも木戸でも、免職させるかも知れぬ」と言ッたら、「それでは困る」というから、「そンな事なら、公卿でもお遣んなさい、私の行くまでもない」と言ッて、やめになった〉

こちらでは大久保と木戸の免職は勝の方からいい出しているが、そんなことはどうでもよい。「そンな事なら、公卿でもお遣んなさい、私の行くまでもない」と勝はいっているが、岩倉にすれば、「大久保、木戸の免職を前提にしての使者なら、何もお前になんか頼まん。そんな使者なら、それこそ公卿どころかわしに仕えている女官でも遣るよ。お前と西郷とは肝胆相照らす仲だと思っていたから敢えて頼んだのだ。もうお前になんか頼まん！」といいたかったであろう。

確かに勝が行ったくらいでは西郷が兵を引くはずがない。だから勝は説得が不可能と思ったから行かなかった、のではない。勝は単に政争に巻き込まれたくなかっただけである。そのことは西郷も分かっていたのであろう。桐野が、勝が来るだろうといったとき、西郷が「ばかをいえ、勝がでかけてくるものか」といったのは、自分がもう兵を引けない立場にあることを勝が理解しているからではなく、勝はこんなことに巻き込まれるのは真っ平ご免だと思っていると分かっていたからである。勝は「これらがいわゆる真正の肝胆相照らすということの好適例だ」と語っているが、そんな美しいものではなかったのだ。勝は『海舟座談』の別の箇所に以下のように述べている。

〈(＊西郷は) それでとうとう不平党(＊私学校党) のために死んだ。西郷はああいう時は、実に工夫の出ない男で、智慧がなかったから、ああなった。なに、あれだけの不平党を散らすのは、訳はないのだがね〉

かなり西郷を見くびった放言ではないか。それなら鹿児島に行って不平党を散らし、西郷を救ってやればよかったではないか。西郷を尊敬していたのではないのか。莫逆の友ではなかったのか。『氷川清話』には九十九回も西郷の名が出てきており、最初から敬意を込めているではないか。

これについて、勝は政争に巻き込まれるのを避けるようになった、と勝部真長氏は語っている。明治八年 (一八七五) の正月、松平春嶽の腹心であり、勝とも親しく、警察関係の仕事に就いていた村田氏寿《うじひさ》という人物が氷川邸にやってきて、勝が鹿児島の西郷一派に巻き込まれることのないよう忠告した、というのだ。この明治八年を境にして勝は、いっそう用心深くなり、政治的にどの勢力からも一定の距離を置くという姿勢を取り始めた、というのだ。

ひょっとすると勝はそれほど西郷を高く買ってはいなかったのではないか。「無血開城」を自分の功績とし、これをクローズアップするためには西郷を持ち上げる必要があったのではないか。自分が「実現」したのでもない「無血開城」を直接自分がやったというにはその中身がないので、会談の相方である西郷を褒め上げる必要があったのではないか。勝は、鉄舟や木村摂津守には人間的にどうしても敵《かな》わないと思っていたが、西郷は御しやすいと見下していたのではないだろうか。西郷に接した多くの人は心服するが、そうではない人間もいる。鉄舟や、庄内藩主の酒井忠篤などは心服したであろうが、大村益次郎などは一目置いてはいたかも知れないが決して心服などしていない。西郷は甘い、くらいにしか思っていなかったであろう。勝も大村と似たような考えだったのではないか。

実は、勝が岩倉に西郷説得を頼まれる三年前、西郷が下野したのちの明治七年（一八七四）三月に、鉄舟が西郷呼び戻しに鹿児島に出かけている。政府は西郷が下野したため、そのときは内閣顧問であった島津久光を鹿児島に遣わし、西郷に上京を促したが断られている。鉄舟を鹿児島に遣わしたのはそのわずか一週間後である。明治七年三月二十八日の『明治天皇紀』には「宮内大輔万里小路博房《くないたいふまでのこうじひろふさ》・同少丞《しょうじょう》山岡鉄太郎を鹿児島に遣わし、内閣顧問島津久光に速かに帰京すべきの命を伝えしめたもう」とある。

鉄舟は西郷が下野したとき、天皇に「西郷を手放したら、二度と出ません」と言上したことがある。その後、天皇から西郷を迎えに行ってこいと命じられたので、「それはだめでございましょう。私ごときが迎えにまいりましても出ますまい」と断ったが天皇に「それでも良いからとにかく迎えに行ってこい」といわれ、「ならば」と飄然《ひょうぜん》と鹿児島へ向かった。鉄舟は万里小路博房の副使として出かけたのであり、記録では、西郷を迎えに行く使者などということはどこにも書いてない。西郷に会えというのは天皇の密命であった。

鉄舟が西郷に会ったという史料はないので、鉄舟が西郷に会えたか否かは不明であるが、鉄舟が後年、弟子の小倉鉄樹に語ったことが小倉の『おれの師匠』（島津書房）に以下のように書かれている。

「鹿児島に行った鉄舟は西郷のいる温泉まで出かけて行った。西郷が『迎えに来たのか』と聞くと、鉄舟は『むむ、そうだ』といったきりで、あとはよもやま話で飲みだした」

このとき、西郷と鉄舟は何枚かの書を交換した。その一枚が「成趣園」で現在、全生庵に残っている。

明治天皇も西郷が戻るとは思っていなかったであろうが、それでも一縷《いちる》の期待を持っていたかも知れない。少なくとも自分の西郷に対する気持ちを伝えたかったのではないだろうか。その使者は西郷が天皇に侍従として推挙した鉄舟以外に考えられなかったであろう。ひっくり返っても勝に頼むなど、思いもつかなかったであろう。それは、勝自身が『海舟座談』で「陛下はオレを御信用なさらない」と述べていることからも、天皇が勝を信頼していなかったことが窺い知れるからである。

無駄と思いつつも鹿児島まで西郷に会いに行った鉄舟、行かなかった勝、である。

西郷の遺児たち

西郷には数人の遺児がいるが、有名なのは寅太郎と菊次郎の二人で、立派に成長した。だが、どうもこの二人はややこしい。次郎の方が太郎より年長なのである。真田昌幸の二人の息子も源三郎が兄で、源二郎（信繁・幸村）が弟であった。西郷家の場合、この二人は異母兄弟で、菊次郎は隆盛が奄美大島にいたときに妻とした愛加那《あいがな》との間にできた子である。寅太郎は、西郷が赦免され、鹿児島に戻ってから結婚したイトとの間の子である。当時、島の女性を妻にすることはできても、鹿児島に連れて来ることは許されなかったのである。ではなぜ最初に生まれた子に「次郎」と付けたのであろうか。実は隆盛には、その前に子がいたのである。薩摩は密貿易をやっており、西郷は若いとき、台湾にも行っていて、そこで台湾の女性との間に子をもうけていたのだ。のちの話になるが、西郷の死後、菊次郎は政府の役人となり台湾に赴任するが、そのとき台湾で生まれた隆盛の遺児を探し出し、「兄」として遇したそうである。なお菊次郎の「菊」は、奄美大島で隆盛が名乗っていた菊池源吾から取ったと考えられる。ちなみに西郷の娘の名は「菊子」という（そもそも西郷家は熊本の菊池の出である）。〈この事も段々後に分ったから、薩摩では、今だにたいそう己を信じている。己が薩摩へ行って、扇動すれば、二、三千人位は直ちに爆発すると言う事を、伊藤（＊博文）さんも知っていたものだから、たいそう用心した。（中略）この事（＊西郷隆盛の名誉回復）からして、薩摩の不平連が、期せずして解散した。寅太郎も善い軍人に成ったよ〉

果たして勝は二、三千人も集められるほど当時の鹿児島で人気があったのだろうか。そうであるならなおさら、なぜ鹿児島に赴いて西郷、というよりその取り巻きの不平分子を説得してやらなかったのか。すでに述べたように勝は、「あれだけの不平党を散らすのは、訳はないのだがね」といっているではないか。

それはさておき、勝がいうように、確かに寅太郎は立派な軍人になった。このとき寅太郎はドイツのポツダム陸軍士官学校に留学したのである。しかも何と十三年間も彼の地にいてプロイセンの陸軍少尉にまでなっている。帰国後、明治二十五年（一八九二）に陸軍少尉となり、明治三十五年には父隆盛の維新の功により侯爵となった。

第一次世界大戦中の大正四年（一九一五）には習志野俘虜収容所長となり、奇しくもドイツ人捕虜の面倒を見ることになる。ドイツ人捕虜収容所といえば、徳島県鳴門市の「坂東俘虜収容所」が有名である。収容所長の松江豊寿がドイツ人俘虜を人道的に扱い、地元民は俘虜と交流し、ドイツ文化を学んだ。しかもベートーベンの交響曲第九が日本で初めて演奏され、坂東は「第九発祥の地」といわれ、松平健が主役の所長を演じて「バルトの楽園」という映画になっている。「バルト」はドイツ語で「ひげ」の意味で、松江所長やドイツ捕虜がひげを生やしていたことにちなむ。

坂東ばかりが有名になったが、類似の話が習志野俘虜収容所にもある。西郷寅太郎所長は約一千名のドイツの将兵たちと交流し、捕虜たちは無為に過ごすことをやめて、自国の文化を伝えようと意気投合し、熱心な文化活動に取り組んだ。とかく単調になりがちな捕虜生活に潤いと彩りを持たせ、それが地域住民との和に繋がっていったのだ。ここにはバラックの野外ステージが設けられ、ヨハン・シュトラウスの「美しき青きドナウ」などウインナー・ワルツやモーツァルトの「魔笛」、ベートーベンの「ヴァイオリン協奏曲」、シューベルトの「未完成」などの名曲がドイツへの望郷の想いを乗せて、四十人ほどの楽員によって演奏されていた。近隣近在から村民が集まって、その音色に耳を傾けたのだ。オーケストラを奏でたことで、ここは「オーケストラ発祥の地」となっている。ところが大正七年（一九一八）秋、世界中に大流行したスペイン風邪は捕虜二十五名の命を奪い、しかも西郷所長までもが落命した。大正八年の正月元旦、西郷所長は朝から高熱で苦しみ医師からは外出を止められたにもかかわらず、馬で収容所に向かい、ドイツ兵に今年が帰国の年であることを告げ、励ましたのであるが、無理が祟って、この日の午後四時ごろに息を引き取った。葬儀は二十五名のドイツ将兵と共に行なわれ、習志野霊園には今も祀られ、西郷所長の墓碑銘には敬慕の念が刻まれている。

一方、長男である菊次郎は明治二年（一八六九）八歳のとき、鹿児島の西郷家に引き取られた。その後、明治五年（一八七二）十二歳のときにアメリカへ渡り二年六カ月、留学している。十七歳のときには西南戦争に父隆盛に従って参陣したが、右足に銃弾を受け膝下《ひざした》を切断する重傷を負った。負傷兵として残されたが、そのとき下僕の永田熊吉に背負われて政府軍の西郷従道に投降した。従道は兄隆盛の息子の投降を喜び、熊吉に感謝した。その後、赦免され奄美大島に帰り、母愛加那と暮らしていたが、父隆盛の七回忌を迎えたときに、語学力を認められ外務省に入省した。弟寅太郎が海外留学した時期でもある。日清戦争後に台湾が日本領になると現地に赴任し、台北県支庁長や宜蘭《ぎらん》庁長などを経て、帰国後の明治二十八年（一八九五）に京都市長になっている。

熊次郎か熊吉か

〈当日のおれは、羽織袴で馬に乗り、従者一人をつれたばかりで、薩摩屋敷へでかけた。

まず一室へ案内せられて、しばらく待っていると、西郷は庭の方から、古洋服に薩摩風の引っ切り下駄をはいて、例の熊次郎という忠僕を従え、平気な顔で出てきて、「これは実に遅刻しまして失礼」と挨拶しながら座敷にとおった。そのようすは、すこしも一大事を前に控えたものとは思われなかった〉

すでに引用した箇所であるが、ここに西郷の従者の名前が書いてある。自分が連れて行った者は単に「従者」だが、西郷が連れて来たのは「忠僕の熊次郎」としている。相手の従者には敬意を払ったのであろうか。西郷が「これはおいどんが下僕の熊次郎でごわす。宜しく頼んみゃげもんど」などとわざわざ従者の名前を紹介するであろうか。

調べてみると「熊次郎」には「熊吉」という息子がいた。実は明治十六年（一八八三）の『海舟日記』の十月の箇所に次のように書かれている。

〈十八日、西郷菊次郎来。二十三日、西郷の旧僕、永田熊吉来〉

菊次郎が勝を訪問した直後、「熊吉」が勝を訪ねている。菊次郎に付き添って上京してきたのではないだろうか。

「熊吉」が、西南戦争で右足に銃弾を受け膝下を切断する重傷を負った西郷の息子菊次郎を背負い、隆盛の弟である西郷従道のもとへ投降したことは前節で述べた。だから「熊吉」は「忠僕」として知られているのである。当然そのことを勝も知っていたであろう。

西郷が勝との会談に連れて来たのが「熊吉」なら、勝はその名を覚えていて「忠僕」といって当然である。なぜなら明治十六年に勝を訪問してくるほどの仲なのだから。しかし『氷川清話』に書いてあるのは父親の名の「熊次郎」である。「江戸会談」（慶応四年）に西郷が連れて来たのは、本当に父親の「熊次郎」であって、これも忠僕として知られており、それを勝が知っていたのであろうか。つまり「江戸会談」の忠僕と、西南戦争（明治十年）、勝訪問（明治十六年）

の熊吉とは同一人物なのであろうか、それとも別人なのであろうか。

実は、海音寺潮五郎氏の『江戸開城』に、西郷が連れて来たのが『氷川清話』の熊次郎ではなく息子の「熊吉」と書いてあったので、てっきり海音寺氏が間違えたのかと思っていた。ところが子母澤寛氏もその著書『勝海舟』に「熊吉」と書いている。しかも海音寺氏は「これは遅刻しもして、失礼いたしもした」と、子母澤氏は「これは先生、どうも遅刻を仕りもした」と、どちらも『氷川清話』の場面を引用している。単純に引用したなら「熊次郎」と書くはずである。二人が偶然同じ間違いをするなど考えられない。とすると海音寺氏も子母澤氏も、『氷川清話』の「熊次郎」という記述は間違いであると考え、「熊吉」に訂正して書いたのであろうか。二人の著名な小説家が同じ訂正をしているので、「熊吉」が正しいように思われるのだが、一方で江藤淳、勝部真長、松浦玲といった錚々たる大家各氏が「熊次郎」と書いているのである。

ＮＨＫ大河ドラマ「西郷どん」でタレントの塚地武雅さんがこの「下僕」の役をやっているが、ＮＨＫにこのことを聞いてみた。すると、どちらか不明であるため、下僕の名前を「熊吉」にまとめることにしたという回答が来た。しかし、「熊吉」とすると、『氷川清話』の愛読者から「熊次郎」ではないかという問い合わせが来たりしないだろうか。そんなことを心配する暇があったらもっと他にやることがあるだろう、と読者にいわれそうである。

第五章　妄友帖

勝と肌が合わない人々

勝は、西郷が亡くなった直後、自分と親しかった十人の亡友の遺墨を集めて『亡友帖』を作成した。その十人とは以下のとおりである（ただし相手が勝を友人と思っていたかどうか定かでない）。

佐久間象山、吉田松陰、島津斉彬、山内容堂、木戸孝允、小松帯刀《たてわき》、横井小楠、西郷隆盛、広沢真臣《さねおみ》、八田知紀《とものり》。ちなみに、『亡友帖』は亡友であるから、西郷死亡直後の時点での生存者は対象外で、大久保利通などは含まれてはいない。

これに倣って、勝と不和であったり、お互いに相手を「嫌いだ」と語ったりした人々を集めて、『妄友帖《ぼうゆうちょう》』なるものを作成してみた（「妄友」とは飽くまでも筆者個人の見解であることをお断りしておく）。

①徳川慶喜

〈慶喜公でもそうだ。徳川家を禍いするものは勝であるという事を、書面にも書かれたのを見た〉

〈己などは、慶喜公に嫌われて、勝が在《い》ては善くないとまで言われた。何遍斥けられたかしれないよ〉

〈慶喜などは、現に自筆で、書いてらあナ。「勝は至って、手広いから、何事を仕出かすかもしれません。御用が済んだら、早く還す方がいい」と言うのサ〉

いずれも『海舟座談』に書かれている、慶喜が勝を嫌っているという談話である。もちろん勝も慶喜を嫌っていた。慶喜は将軍と幕臣という立場もあり、また幕府内ではとっくに幕府を見限った勝が薩長に一番顔が利くため、やむなく勝をたびたび登用した。

次も『海舟座談』の一節である。

〈この間、夜、慶喜殿がやって来て、有栖川が来て、ナゼ出ないか、カドカドには是非出るようにというから、どうしようと相談されるから、それは構わない、お出なさいというた。ダガ、アナタはぶちこわすことが上手だから、一処になっておこわしなさい。スルト、私が大辺《たいへん》にエライ男になります。勝がいる間は、徳川も落着いていたが、アレがなくなったらトいって、大層男が上りますから、ありがたいト言ってやったら、大へんイヤナ顔をしていたよ。ナニ、節句節句というような時には、それは出るがイイサ。それも宮さまから、ワザワザさそうのだから、それでもトいうのは、善くない。しかし、慶喜が今出たって何になるものか。宮さまなどが、何が分るものかと言ってやったノサ〉

これは維新後、有栖川宮が慶喜に祝い事など節目には宮中に顔を出すように勧めたという話である。慶喜が東京に移転したあとのことであろう。なぜなら慶喜はずっと静岡に居たからだ。

さて、慶喜がその静岡から東京に移転したのは明治三十年（一八九七）である。このとき勝は七十五歳で、亡くなる二年前だったことになる。もうこのころは慶喜が表に立って徳川が現政府に反旗を翻すなどという時代ではなくなっている。翌三十一年（一八九八）には慶喜は参内して両陛下に拝謁しているのだ。これには勝も奔走したと『氷川清話』で次のように語っている。

〈先年（＊明治三十一年三月二日）徳川慶喜公が参内せられたのは、公は故有栖川の宮のご息女とご親戚の間柄であるから、威仁《たけひと》親王が非常にご尽力になったのだ。これについては徳川家からおれへも相談があったから、おれもかねて望むところだによって内々奔走した〉

勝部真長氏は「この慶喜参内も海舟が有栖川宮を通じて工作して仕上げた一つの演出である」と、天皇と慶喜の和解に勝が主体的に尽力したかのように書いているが、そうではあるまい。積極的に勝が工作したのではないと考える理由は三つある。

第一は、日記には「我が苦心三十年、少しく貫くところあるか」と書いているが、『氷川清話』では前記引用のように、有栖川宮が尽力し自分にも相談があったので奔走した、と飽くまで受け身であると語っていることである。

第二は、慶喜の参内が明治三十一年で、勝が亡くなる前年、七十六歳のときと、あまりにも遅いということである。慶喜も六十二歳であった。慶喜はともかくとしても、勝は当時としては相当高齢であり、数年前から体調を崩している。もし勝に本気で慶喜を天皇に会わせようという気があったなら、もっと早い時期に働きかけていたはずである。

第三は、これより十一年も前の明治二十年（一八八七）、明治天皇が千駄ヶ谷の徳川家達邸を訪問しているが、これに慶喜が参列していないことである。天皇の徳川家訪問は二百六十年ぶりでもあり、皇族や伊藤博文総理大臣らが同行。そしてこれを徳川御三家・御三卿、旧幕府重臣らが迎えた。もちろん勝も鉄舟もこれに加わった。しかしこのとき慶喜は出席を見合わせ、名代として四男の厚《あつし》を列席させた。これは勝の判断であろうといわれているが、その真偽はともかくとして、なぜこのとき慶喜列席に尽力しなかったのだろうか。なぜその後、十一年も放っておいたのか。勝が、勝部氏のいうように、慶喜の復権を心掛けていたとは到底思えない。

②藤田東湖

〈藤田東湖は、おれはだいきらいだ。あれは学問もあるし、議論も強く、また剣術も達者で、ひとかど役にたちそうな男だったが、ほんとうに国を思うという赤心がない。もしも東湖に赤心があったら、あのころの水戸は、天下のご三家だ。直接に幕府へ意見を申しいずればよいはずではないか。それになんぞや、かれ東湖は、書生を多勢集めて騒ぎまわるとは、実にけしからぬ男だ。おれはあんな流儀は大嫌いだ〉

勝には嫌いな人間が多いが、藤田東湖もその一人で、このように批判している。勝は、藤田東湖を「書生を多勢集めて騒ぎまわる」と難じて、藤田を攘夷過激派の幹部のように見ている。

しかし勝の兵庫の操練所、私塾「海軍塾」も過激派浪士を多く抱えており、池田屋事件では塾生の望月亀弥太が殺されている。勝は「壬生《みぶ》浪士（＊新撰組）輩、興の余り無辜《むこ》を殺し」と、池田屋に集まった連中を「罪なき者」といい、これを取り締まった会津藩や新撰組を視野狭小で行き過ぎと非難している。新撰組などは、現在でいえばテロ取り締まりのためのＳＷＡＴ部隊のようなものであるのだが。

③栗本鋤雲

〈宇佐がどうして知っていたか、栗本（＊鋤雲《じょうん》）の事を尋ねたから、少し言うて置いたが、栗本もケチな男で、自分で伝（＊匏庵遺稿《ほうあんいこう》）を書いたそうだが、ウソを書いてあるのだ。失策は失策として、明らかに書くが善いじゃあないか〉

『海舟座談』での談話であるが、勝は、栗本鋤雲を小栗一派、フランス派として嫌っていた。栗本はフランス派としてロッシュとも親しく、小栗の兄貴分的存在であったからであろう。勝は「ケチな男」「ウソを書いてある」といっている。

栗本は幕府医官の家に生まれたが、志が高く、医者に飽き足らなかったため、上司から箱館に追われた。しかしそこでの活躍が幕閣に聞こえ江戸に呼び戻され旗本に抜擢され、流暢なフランス語を生かし、対外交渉に従事。小栗と一体となって幕政改革や横須賀造船所の建設等に邁進した。幕府への忠義を貫き、維新後は、新政府の招請を謝絶し引退した。晩年、栗本は旧幕臣の会合に出席した際、珍しく顔を出した勝に対して「出ていけ！」と怒鳴りつけている。

④新島襄

〈新島が大学（＊同志社）を建ると言うて来た時、そう言うた。お前さんは千両の金でさえ、そう扱った事のないに、十万という金を募るというは、とても出来ないから、およしなさいと言うた。すると、西洋人がたいそう賛成すると言うから、それだからなおいけないと言うた。そのときたいそう怒って帰ってしまったが、二、三年は少しも来なかった。すると、顔色衰え、たいそう弱って出て来て、前年おっしゃって下すった事は、今になって初めて分りました、もう実にありがたい、私はよけいな事を初めかけてたいそう困ると言うた。それで私は言うた、お前さんも、これ程の事をして、一度失敗して気がついたからは、今度は本当の事が出来ましょうから、そんなに弱らないで、緩りとお休みなさいと言うた。そうしましょうと言って、大磯へ行ったが、二、三ケ月すると、とうとう死んでしまった。

それで、小崎や、徳富や、何弾正《なんとか》（＊海老名弾正）や、横井などを呼んで、そう言った。同志社はもうこれでつぶれるから、つぶれると思って、銘々別れて、それぞれ小さなものを創《はじ》めなさい。新島にも村夫子《そんぷうし》でなさいと言った程だからと言うたが、用いない。徳富は悧巧な奴だから逃げてしまった。横井が先達《せんだつ》て来て、いやどうも先生のおっしゃった通りだと言うた〉

『海舟座談』には、これを含め、四カ所で新島襄と同志社を批判している。新島襄は元治元年（一八六四）アメリカに密航、明治八年（一八七五）、十年強の滞在の末、宣教師として帰国し、同年、同志社英学校を設立する。翌年、そのとき協力を得た元会津藩士の山本覚馬の妹八重とその縁で結婚。八重は、平成二十五年（二〇一三）のNHK大河ドラマ「八重の桜」の主人公で、最新式のスペンサー銃を手に新政府軍に抗戦する女戦士であった。新島は翌明治十年

（一八七七）、同志社女学校を設立。明治十三年（一八八〇）から大学設立の準備を始める。しかし明治二十二年（一八八九）、志半ばで病没。大正九年（一九二〇）になって関西で初めて大学令に基づいて大学に昇格し、新島の志は実現した。

なぜか勝はムキになって新島襄と、同志社を攻撃している。人物が気に食わなかったのか、同志社を建てることに反対だったのか分からないが、勝とはよほど肌合いが合わなかったのではなかろうか。そうでなければ繰り返し「同志社は潰してしまえ」といっているのが理解できない。

さらに、「徳富は利口な奴だから逃げてしまった」というが、徳富蘇峰は逃げていない。「同志社大学設立の趣旨」をまとめたり、自身の『国民之友』等のマスコミを利用したりして、同志社大学設立に尽力した。

それどころか勝が作った西郷の祠《ほこら》の側に昭和十二年（一九三七）、蘇峰は西郷と勝を称える碑を建てている。碑文は「堂々錦旗《きんき》圧関東　百万死生談笑中　群小不知天下計　千秋相対両英雄　昭和十二年　火国（＊肥後）後学　蘇峯菅原正敬（＊ペンネーム）」である。「百万死生談笑中」とは西郷・勝の「江戸会談」のことである。二人の談笑のうちに江戸百万の市民の命が救われたと称えている。これが鉄舟・西郷の「駿府談判」であるなら真実だから、鉄舟・西郷談判の像を作り、その側にこの碑を持ってくればピッタリなのだが。ただしその場合は「談笑」は「談判」であろう。

⑤原市之進

〈慶喜は、モウ将軍職で、君臣の格だろう。ソレニ、原市（＊之進）などが付いていて、ワシが大嫌いだからネ〉

〈あの頃は、原市というものが付いていてネ、あれがどういうものか、大へん、己を嫌いなのサ。功を嫉《そね》むというものか、ごく、陰険で、なかなかの才子だったがネ。水戸人でネ、それで、板倉がその手紙を見せたよ〉

いずれも『海舟座談』の放談である。原市之進というのは慶喜の側近で、「なかなかの才子」と勝がいうように、頭が切れたのであろう。勝とはお互い才子同士で、本能的に反発し合ったのではないか。

以上は、勝自身が嫌いだといった人物、あるいは相手が勝を嫌いだといった人物である。実はここに挙げた以外にも、それ以上に嫌っている者もいるので、さらに五人、取り上げる。一応列挙すると、小栗上野介忠順、木村摂津守喜毅、陸奥宗光、福沢諭吉、福地源一郎である。共通点は、非常に勝と似ていることである。どういうところが似ているかというと、頭脳明晰で、先が見通せ、弁が立つという点である。いわゆる優秀な人物で、しかも負けん気が強く、自分が一番と思っている。

小栗上野介は特に似ている。だから勝は小栗を嫌ったのではないか。身分の違いによる嫉妬もあった。しかし勝は小栗のことを直接嫌いとはいっておらず、どちらかというと、一目置いて褒めてもいる。この中で一人だけ例外がいる。木村摂津守である。彼だけが、勝が木村を嫌うほどには勝を嫌っていない。優秀ではあるが、勝と違って懐の広い人格者なのである。

誰にでも、ウマが合わない、肌が合わない、反りが合わない人間はいるものだが。

⑥小栗上野介

〈小栗上野介は、幕末の一人物だよ。あの人は、精力が人にすぐれて、計略に富み、世界の大勢にもほぼ通じて、しかも誠忠無二の徳川武士で、先祖の小栗又一によく似ていたよ。一口にいうと、あれは、三河武士の長所と短所とを両方備えておったのよ。しかし度量が狭かったのは、あの人のためには惜しかった〉

小栗上野介

勝にしては小栗をよく褒めている。最後の一言以外は当たっている。勝は小栗を「度量が狭かった」というが、小栗は決して度量が狭くなどない。きちんとしたグランドデザインを描いて行動していた。勝は何をもって小栗が「度量が狭かった」というのであろうか。おそらく小栗が徳川政権を必死に守ろうとしていたことを指しているのであろう。勝にいわせれば、「徳川」にこだわるな、もっと大きく目を見開いて「国家」を視野に入れろ、ということで「視野が狭いぞ」といったのであろう。『罪なくして斬らる』の次の表現が、このことを端的に表現している。

勝海舟「惜しむべし、小栗どの。なぜに徳川家ばかりに捉われるのか。なぜにもっと広く目を開こうとはされぬのか」

小栗上野介「悲しむべし、勝どの。直参の身でありながら、なぜに主家に弓引くようなことばかり言われるのか」

両者の間で、真剣勝負にも似た火花が散った。

勝「直参と申しても貴殿と拙者では月とスッポンほどの差がござる」

勝の頬に、翳《かげ》のある笑みが浮かんだ。

勝「育ちが悪ければ、考えもひねくれてこようというものでの」

小説であるから、著者大島昌宏氏の創作であるが、よく両者の違いを捉えた見事な表現ではないか。勝には身分に対するコンプレックスが根強くあり、それが不平不満の元で、随所で周囲に八つ当たりするのである。低い身分であったにもかかわらず能力を認められ抜擢されたのであるから、そのことを誇らしく振舞えばよいと思うのだが。

十九世紀に入り、異国船が日本近海をウロチョロし始めたため、幕府は文政八年（一八二五）に「異国船打払令」を発したが、モリソン号事件やその後のアヘン戦争に影響され、天保十三年（一八四二）に、遭難した船に限り薪水《しんすい》の給与を認めるという「天保の薪水給与令」を発令した。これは幕府の従来の鎖国政策を大きく転換したことを意味する。徐々にではあるが開国へ向かっていたのだ。ペリーが浦賀に来航する十一年も前のことである。にもかかわらず朝廷の命ずる攘夷を決行するのだとばかり、長州藩が下関で外国船を砲撃したのは文久三年（一八六三）、すなわち「天保の薪水給与令」から二十一年ものちのことである。翌年には英仏米蘭の四国艦隊による報復砲撃でコテンパンにやられている。高杉晋作や久坂玄瑞の方がよほど視野が狭かったのではなかったか。

〈小栗は、長州征伐（＊第二次）を奇貨として、まず長州を倒し、つぎに薩州を倒して、幕府のもとに郡県制度をたてようと企て、フランス公使レオン・ロセスの紹介で、仏国から銀六百万両《ドル》と、年賦で軍艦数そうを借り受ける約束をしたが、これを知っていたものは、慶喜公ほか閣老を始め四、五人に過ぎなかった〉

勝のこの話は事実である。小栗は徳川幕府専制による郡県制を目指そうとしていた。だから小栗は長州と薩摩を潰そうとしたのである。その上で各藩の力を削《そ》ごうとした。では勝はなぜごく少数の人間しか知らないこの機密を知ったのか。それは小栗が勝を信頼して教えたからである。その経緯を勝は次のように語っている。

〈長州征伐がむつかしくなったから、幕府は、おれに休戦の談判をせよと命じた。そこで、おれが江戸をたつ一日前に、小栗がひそかにいうには、「君がこんど西上するのは必ずや長州談判に関する用向きだろう。もししからば、実はわれわれにかようの計画があるが、君もさだめて同感だろう。ゆえに、あえてこの機密を話すのだ」といった。おれもここで争っても益がないと思ったから、ただそうかといっておいて、大坂へ着いてから、閣老板倉にあって、「承ればかくかくのご計画がある由だが、至極ご結構のことだ。しかし天下の諸侯を廃して、徳川氏がひとり存するのは、これ天下に向かって私を示すのではないか。閣下ら、もしさほどのご英断があるなら、むしろ徳川氏まず政権を返上して、天下に模範を示し、しかるうえにて、郡県の統一をしてはいかが」といったところが、閣老はびっくりしたよ〉

ここが勝と小栗の違いである。小栗の考えは飽くまでも「徳川ファースト」であり、勝は徳川にこだわらない。徳川にこだわるのは「私」であり、「国家」にこだわるべきであると主張する。つまり「ジャパン・ファースト」「オール・ジャパン」である。これは勝の持論であるが、問題はその正否ではない。すでに述べたように、大久保一翁が四年も前の文久二年（一八六二）に同じ意見を表明しているにもかかわらず、勝がこの先進的考えを自分の意見であるかのように語っていることである。もう一点、もしそう思うなら、いいやすい板倉などではなく、実力者である小栗にこそ持論を開陳すべきではなかったのか。「ここで争っても益がない」などというのは、小栗を説得する自信がなかったからではないのか。

〈そうするうちに、慶応三年の十二月仏国から破談の知らせがきた。あとでフランス公使がおれに、「小栗さんほどの人物が、わずか六百万両くらいの金の破談で、腰を抜かすとは、さても驚きいったことだ」といったのをみても、このとき、小栗がどれほど失望したかはしれるよ。小栗は、わずか六百万両のために徳川の天下を賭けようとしたのだ。

越えて明治元年の正月には、早くも伏見鳥羽の戦いが開かれ、三百年の徳川幕府も瓦解した。小栗も今は仕方がないものだから、上州の領地へ退居した。それをかねて小栗を憎んでいた土地の博徒や、また小栗の財産を奪おうという考えの者どもが、官軍へざん訴したによって、小栗はついに痛ましい最後を遂げた。しかしあの男は、案外清貧であったということだよ〉

仏国からの借金についいては少々説明が必要である。フランスの南部は養蚕《ようさん》・生糸・絹織物工業のヨーロッパの中心であったが、蚕《かいこ》に微粒子病が流行し、生糸が壊滅、絹織物工業が大打撃を受けていた。レオン・ロッシュ公使は、本国の強い要請で、日本の良質な蚕種を手に入れようと幕閣に働きかけていた。この交渉の任に当たったのが三度目の勘定奉行に返り咲いた小栗であった。小栗は勘定奉行を歴任し、養蚕地帯の内情にも精通していた。

小栗とロッシュには意外な交流があった。ロッシュは日本に着任したとき、すでに五十八歳の高齢で、腰背の激しい痛みに苦しんでいた。日本の名医を紹介するよう幕府に頼んでいたところ、小栗が親しい漢方の名医浅田宗伯を紹介し、漢方薬と鍼医《しんい》の治療で、わずか一週間で完治した。これをロッシュは本国に知らせ、ナポレオン三世は時計二個と絨毯《じゅうたん》三巻を宗伯に贈って感謝の意を表した。また小栗は横須賀製鉄所（造船所）の建設を全面的にフランスに頼り、慶応元年正月に製鉄所約定書が調印された。

このように小栗とロッシュはお互いの信頼関係の下に六百万ドルの借款契約を結んだのである。軍事力を強化したい幕府と、自国の養蚕業を復活させたいフランスの利害が一致していたのである。勝は、小栗が「わずか六百万両のために天下を賭けようとした」というが、小栗は勘定奉行として、徳川幕府強化のため必死に資金捻出に努力していたのだ。勝のように、徳川でも薩長でもどちらでもいいよ、という立場であれば「天下を賭けようとした」といえるであろうが。

それではなぜこの借款が破談になったのであろうか。勝は『海舟座談』で次のように語っている。

〈フランスから金を借りるという事では、己は一生懸命になって、とうとう防いでしまった。もしあれが出来ておろうものなら、国家に対して何と申訳があるエ〉

勝が「一生懸命になって、とうとう防いでしまった」と借款に対してストップをかけたといっている。それは「国家に対して」利益にならないからである、というのである。勝が「一生懸命」努力したから破談になったのだろうか。そして勝はさらにいう。

〈幸いにして話が向うから外れて来て、金が出来なかった。小栗が真青になって、非道《ひど》く困るように公使（＊ロッシュ）に言ったから、公使は茶化して笑ったそうだよ。実に国家万年の幸いというものだ〉

「話が向こうから外れて来て、金が出来なかった」では、勝が自分でストップをかけたという話と矛盾するではないか。こうした勝のいい加減な話をいくら読んでも、破談の原因は分からない。

真の原因は、その当時の国際情勢、フランスの国内事情にあった。当時、フランスのナポレオン三世の帝政は激動する世界情勢の中で揺らいでいた。やがてフランス外交は、反独すなわち対英国協調外交に大きく転換をしたのである。ロッシュの後ろ盾となっていたドルーアン・ドゥ・リュイ外相が辞任し、マルキ・ドゥ・ムーティエに代わった。「ジャパン・タイムス」に六百万ドルの借款協定が暴露され、英国議会で取り上げられ、英国大使がムーティエ外相に事実関係を糺《ただ》すという事態になった。ムーティエ外相はロッシュに幕府寄りの外交を全面的に改めるよう訓令を発した。当然ロッシュはこれに反論したが、本国の支持基盤を失ったロッシュにはどうすることもできなかった。

ロッシュは、小栗同様に肩を落としたであろうし、また小栗に不首尾を謝し、頭を下げたであろう。ロッシュは、「腰を抜かすとは、さても驚きいったことだ」と勝に話したであろうか。「小栗が真っ青になって」「困る様子を「茶化して笑った」であろうか。「腰を抜かし」「真っ青になった」のはロッシュも同じではなかったろうか。これはロッシュのことではなく、勝が自分の気持ちをロッシュに託した創作として表現したものであろう。「国家」のためによかったとして勝が喜ぶのはいいとしても、ロッシュが茶化したなどという作り話を読むと、小栗が困っているのを、裏でほくそ笑んでいる勝の姿が目に浮かんでくる。そのあとに勝は次のようにいっている。

〈小栗は、初めはたいそうわしをひいきにしたものだった。しかし、この借金事件から、アレも、栗本（＊鋤雲）も、その一味というものは、非道く讐敵《しゅうてき》のように扱った。栗本はその後来たこともない。

横須賀の造船所は、フランス人のお世辞さ。その金を借りて貰うというときのお世辞さ。ナポレオンが、何の訳で、わざわざ日本に親切にするか。大体その訳が分りそうなものじゃあないか〉

それはそうであろう。打ち明けた話を黙って聞いていて、本来の意図を曲げて老中に告げたり、借款契約が破綻したのを喜んだりする勝をどうして信頼するであろうか。

小栗に対し「アレも、栗本も、その一味というものは、非道く讐敵のように扱った」といっているが、それはむしろ逆である。勝の方が遠ざけたのである。それは「一味」と呼んでいることからも察せられる。「一味」とは「悪いことをする仲間」というネガティヴな意味であり、勝が「一味」と呼んでいるのは、小栗を中心とした幕府テクノクラートのことである。小栗は、能力主義で積極的に優秀な人材を登用した。小栗自身が水野筑後守忠徳により推挙されて遣米使節に加わったのである。その水野も老中阿部正弘に見出されている。咸臨丸で渡米した小野友五郎、福沢諭吉も小栗テクノクラートである。その他軽輩・陪臣にかかわらず能力のある人間はどんどん抜擢し、革新官僚グループを形成していった。小栗は、無能な譜代旗本連中を「糞を製造する器械だ」といったと栗本は書いている。小栗が育てた人材の中には新政府において登用されたものも多くいる。しかし徳川への忠誠心から野に下った者もいる。

「ナポレオンが何の訳で、わざわざ日本に親切にするか」といっているが、ナポレオンも慈善事業で親切にしたのではない。良質な蚕種の輸入に積極的に協力してくれた幕府に対する恩義もあったであろう。

「横須賀の造船所は、フランス人のお世辞さ。その金を借りて貰うというときのお世辞さ」と勝はいっているが、「横須賀造船所」はフランスからの借金で賄ったのではない。小栗の才覚により捻出したのである。ただ、不思議なことにどのようにして二百四十万ドルという巨費が幕府財政窮乏のときに捻出されたかが不明なのである。当時、小栗に仕えた幕臣の福地源一郎は自著でこのことを次のように述べている。

「幕府が末路多事の日に当りて如何にして其費用の財源を得たりしかは、ただに今日より顧て不可思議の想を成す而已《のみ》にあらず、当時に於ても亦幕吏自らが怪訝したる所なりき、而して其経営を勉め敢て乏を告ぐること無からしめたるは、実に小栗一人の力なりけり」

フランスから借金したのではなく、小栗の才覚で遣り繰り工面したというのだ。念のため、六百万ドルの借款は長州征伐の軍資金のためであって、製鉄所建設のためではない。製鉄所は新政府に引き継がれ完成したのである。

横須賀造船所の建設には、ほとんどの老中が反対だった。小栗に賛成している栗本鋤雲も不安を抱き、「よく検討した方がよい。今なら何とでも決められるが、委託してしまったあとではどうしようもない」といったが、小栗は「たとえ幕府が滅びても、日本は滅びぬ。完成すればそっくり熨斗《のし》を付けて新しい持ち主に渡すことになり、『土蔵つき売家』としての栄誉は残せる」といっている。栗本鋤雲の回顧にもこのことが次のように書かれている。

「予なほその巨費の如何を憚《はばか》りたれば、熟々《つくづく》子細商量あられよ、今に於ては為すも為さざるも我にあり、既に託せし後はまた如何ともすべからず、と云へば、上野（＊小栗）笑ひて当時の経済は真に所謂《いわゆる》遣り繰り身上にて、たとへこの事を起こさざるも、その財を移して他に供するが如きにあらず。故に是非なかるべからざるのドック修船所を取立つるとならば、却って他の冗費を節する口実を得るの益あり。またいよいよ出来の上は、旗号に熨斗を染め出すもなほ土蔵附き売家の栄誉を残すべし。（上野がこの語は、一時の諧謔にあらず。実に無限の憐れむべき者あり。中心既に政府のもはや久存する能はざるを十分に判ずる久しければ、その存するの間は、一日も政府の任を尽さざるべからざるに注意せし者にて、熟友晤言の間、常にこの口気を離れざりき）」

世界の海軍史に残る海戦となった日本海海戦で、ロシアのバルチック艦隊を破った東郷平八郎元帥は、明治四十五年（一九一二）七月、自宅に小栗の遺族を招き、「バルチック艦隊に勝利できたのは小栗さんが横須賀造船所を作ってくれたお陰です」と礼を述べた。小栗の先見性が半世紀近く経って、評価された訳である。

勝もさすがにこの功績は認めざるを得ず、『海軍歴史』で次のように小栗を称えている。

〈小栗上野介、勘定奉行より軍艦所の事を兼勤し、大に時勢を察し、海軍の拡張すべきを悟り、首《しゅ》として船廠《せんしょう》設立の事を主張し……府帑《ふど》空乏の際（＊幕府財政が窮乏しているときに）、経営拮据《きっきょ》、此二工場を起すに至るは、亦深く嘉尚すべし〉

学者の先生方も、『氷川清話』という信用できない放談ばかり引用しないで、こうした少しはマシな史料を紹介すべきではないだろうか。

⑦木村喜毅

〈維新前のある年に、幕府が海軍制度を定めたついでに、制服をも定めようという議がでた。おれは兵式さえ知らぬ中から、制服などはまだ不要だとは思ったけれども、おれの上には上役もあって、さなきだにおれを嫌っているところだから、おれもしいて反対せず、ともかくも海軍総裁や軍艦奉行などとともに、そのころきていた英国のアドミラル・キッペルに、制服のことを相談にいった〉

制服は重要である。チームの一体感を醸成するためにも、制服は効果がある。新撰組は、赤穂浪士の忠義の象徴であるだんだら模様の制服を着たではないか。木村摂津守は海軍士官の身分や俸給など、その制度の近代化に力を入れていた。制服もその一環であった。ただ、制服の重要性を述べるためにこの話を引用した訳ではない。勝は「おれの上には上役もあって、さなきだにおれを嫌っている」といっているが、この上役が木村摂津守である。しかし何度もいうように、木村は勝を嫌ってはいない。勝こそが木村を嫌っていたのである。だから木村もきっと自分のことを嫌っているだろうと邪推しているのであろう。

『氷川清話』の一つのハイライトは咸臨丸でのアメリカ渡航であるのだが、「外国人の手を借りないで日本人だけで」というのはホラ話であることはすでに述べた。助っ人のブルック大尉らアメリカ人将兵のことは一切語られておらず、さらに木村摂津守の名前が全く出てこない。これは勝の咸臨丸関係の記述だけでなく、『氷川清話』にも全く登場しない。勝は日本海軍生みの親といわれることがあるが、むしろそれは木村摂津守ではないだろうか。少なくとも勝と並び称されるべきではないか。それを勝は全て自分の功績としてしまっているように思われる。だから木村のことは語りたがらない。

もう一つ、二人の話を付け加える。勝が「宮島会談」を終えて大坂に帰ったのは慶応二年（一八六六）九月九日であった。この日、奇しくも木村摂津守が福沢諭吉の建白書を持って大坂に来た。このときの様子を松浦玲氏は次のように書いている。

「この突然の出会いを初め、木村喜毅の日記には勝安房の言動が詳しい。しかし勝安房は自分の日記に木村喜毅のことを全く書かなかった。木村の西上という事実が存在しないかのごとくである。地位が逆転したことについて木村喜毅が全くこだわりを見せないのに対し、勝安房は何か心穏やかでないものを持っていたかと察せられる」

このとき、二人の立場は逆転して、勝は「軍艦奉行」であり、木村は「軍艦奉行並」であった。京都に海軍局ができたので、勝も木村も毎日ここに出勤して顔を合わせる。木村が勝のところに遊びに来ることもしばしばあった。勝が宮島に交渉に出かけた御苦労料百両は、木村が申請して出たのである。木村は日記に勝のことを詳しく書くのだが、勝は木村のことを全く書かない。ここでも両者に人格の差を感じずにはいられない。

これは鉄舟と勝との関係とよく類似している。勝が賞勲局に「無血開城」を鉄舟がやったことまで全て自分がやったような報告書を出したとき、それを見た鉄舟は勝の人格を見抜いたであろう。しかし笑って自分の功績を勝に譲り、その後、勝とは何のわだかまりも持たずに親しく交わった。勝は『氷川清話』などで鉄舟のことをほとんど語らない。たまに語ることがあっても手柄を横取りした「無血開城」には触れないのである。「負けるが勝ち」という、最近あまりはやらない諺があるが、木村も鉄舟も勝に譲って（負けて）勝っている。ところが勝にはこれができない。勝はこのことに気付いており、木村や鉄舟に引け目を感じている。だからこの二人のことに触れたがらないのではなかろうか。

〈今の薩長のやつらは、どうも仕事ができないよ。本領を守ってどこまでもやり通すのが肝心だのに、本領はさておいて、とかく小刀細工をしようとするから常に失敗するのだ〉

「小刀細工」というのは「こせついた策略」という意味で、勝が『氷川清話』でよく使う表現である。最近はあまり聞かないが、当時は一般的な表現だったようだ。もちろん自分はそんなことはしない、といっているのだが、木村摂津守が、この表現を使って勝を称賛している。次は明治二十一年（一八八八）「史談会」での木村の談話である。この談話の直前には、勝は人・

物の使い方に細心の注意を払う人であると述べている。

「尚一つ私の感服した事は、兎角古今の英雄と謂われる人は、時によって或いは策略をめぐらして事を致し、或いは利を以て反対の人を誘い、自己の味方に引き入れる様な小刀細工をする者があります。一体小刀細工は一つ行われて旨く参れば希望を達して、如何にも結構な訳でございますが、併《しか》し又其れ丈《だけ》人に大なる怨みを受ける様な事がある。所で勝先生は此の小刀細工が嫌いで、一生策略をせられた事は無い様に思います。此の点が最も余人の及ばん所でありましょう。

兎に角彼の幕末の難しい世の中から、維新の秋《とき》にかけまして、頻《しき》りに危難を冒し千辛万苦されたが、暗殺にも遇わず、生命を全くして今日に及んだと云うのは、先ず此の小刀細工を好まれないで、正大公明を旨とせられた故かと私は思いますが、如何な者でございましょうか。兎に角此等が先生の最も良い所であろうと思います」

聴衆を前にしての話だったそうだが、まるで結婚式で花婿に贈る仲人口のようである。もし勝が聴いていたなら、背中にびっしょり脂汗を流したのではないか。

明治に入り木村は官職からは退いたが、明治二十一年に勝が『海軍歴史』を編纂する際、木村に執筆を要請したところ、木村は喜んで協力した。しかしこれには咸臨丸の太平洋航海のことがほとんど記載されていない。往路はブルック大尉が実際仕切ったこと、帰路は小野友五郎と浜口興右衛門が指揮を執ったということは、勝の面子を潰すことになるため避けたのである。

一方で勝の方も、この『海軍歴史』の中で長崎海軍伝習所のころの木村を次のように称えている。

〈五月江戸より監察木村図書氏下り来り、永井氏の跡役たり。この人温厚にして能く衆言を容れ、威権を張らざるをもって、多人数たりと雖も内に紛擾《ふんじょう》の憂なく、みなその所を得たり〉

このように晩年は勝も木村を認めるようになったのである。

勝と木村の人格・品性についていえば、明らかに木村の方が上に思える。木村は勝に面子を潰されても、それを恨むでもなく、頼まれれば喜んで協力し、またその勝のプライドを傷つけないよう気を使い、勝を褒めている。大人の木村に対し、勝は子供のように思える。どう見ても人柄の高潔さでは木村に軍配が上がる。だから勝は木村のことに触れたくないのであろう。人間として敵わないと感じているのであろう。

太郎はジイちゃんに叱られてベソをかきながら「バカ！　ジイちゃんなんか大キライだ！」と叫んだ。ジイちゃんはニコニコしながら太郎にいった。「そうか、太郎はジイちゃんが嫌いか。ワッハッハッハ」。勝と木村を見ていると、こんな光景が思い浮かんで仕方がないのだが。

⑧陸奥宗光

〈陸奥宗光は、おれが神戸の塾で育てた腕白者であった。あれが、おれの塾へきた原因は、紀州の殿様から、「わが藩には、いのしし武者のあばれ者がたくさんいるから、これをお前の塾で薫陶してはくれまいか」とのごさたがあったから、おれはわざわざ紀州へいって殿様や家老に面会し、都合二十五名の腕白者を神戸の塾につれて帰ることになったが、陸奥もこのうちにおったのだ。

しかし、陸奥だけはほかの二十四名とは少し違った事情があった。それは、おれが紀州へ下ったときに、藩の世話人の伊達五郎というものが、「拙者の弟に小次郎（＊宗光）と申す腕白者があるから、これをも一緒に連れて帰ってひとかどの人物に仕上げてくだされ」と頼んだから、それで二十四名と共に陸奥をも連れてきたのだ。当時、小次郎の父は、伊達利徳という隠居であったが、兄の五郎は紀州藩でなかなか評判がよかったそうだ。

こういうわけで、小次郎は、おれの塾にはいったが、おれは、小次郎に、塾内では乱暴を働いてはいけないと厳禁しておいたから、あれも塾内ではおとなしかった。あれもこの時分には、まだ十六、七の若衆であったが、身の丈にも似合わぬ腰の物をだてに差して、いかにも小才子らしいふうをして、夜などは塾の庭前で同窓の伊東などと相撲をとって腕をためしていたよ。

伊東というのは海軍中将の伊東祐亨《すけゆき》のことだ。

塾中では、小次郎の評判は、はなはだわるかった。皆のものは彼を「うそつきの小次郎」といっていた。

全体、塾生には、薩州人が多くって、専心に学問をするというよりは、むしろ胆力を練って、功名をしとげるということを重んじていたから、小次郎のような小利口な小才子はだれにでもつまはじきせられていたのだ〉

陸奥宗光が勝の塾に来た経緯を語っている。相当腕白で持て余したのであろう。勝は「小利口な小才子」と評しているが、頭が切れて要領がいいところなどは勝そっくりである。似た者同士の反発があったのではないだろうか。

〈その後、薩摩では、軍艦を買い入れ、引き続いて紀州でも買い入れたについては、おれの塾のものは、皆軍艦乗組を命ぜられたから、おれも塾をとじたが、それからは一度も小次郎とは会わなかった。維新後は、おれの塾生もたいていそれぞれ出世したが、伊東祐亨でも、堀基（＊貴族院議員）でも、昔の好みを忘れないで、ときどきおれを見舞うてくれるのに、ひとり小次郎の陸奥ばかりは、死ぬるまで大きな顔をして、ちっともおれの処へこなかったよ〉

まず、勝が私塾を閉じたのは、塾生が軍艦の乗組員を命ぜられて辞めたからではない。勝自身が日記に「蓋し激徒の巣窟に似たるを以て嫌疑を蒙りしなり」と書いているように、脱藩浪士などを抱え込み、幕府から嫌疑をかけられたため、自身は免職になり、操練所と共に私塾も閉鎖に追い込まれたのである。その結果、塾生が各藩に帰り軍艦の乗組員になったのであって、原因と結果があべこべではないか。

陸奥は新政府で大活躍をする。明治初期の版籍奉還・廃藩置県・徴兵令・地租改正に大きな貢献をした。外相になってからは、不平等条約の改正、日清戦争後の下関講和会議の全権を務めるなど八面六臂の活躍をし、カミソリ陸奥とまで呼ばれるほどその辣腕を発揮した（坂本龍馬も「刀を差さなくても食っていけるのはオレと陸奥だけだ」とその才覚を高く評していたという）。

一方の勝は、顕職に就きながらも、実質何もしないで、相変わらずホラばかり吹いている。例えば勝は外交について『氷川清話』で次のようにいっている。

〈外交の極意は、「正心誠意」にあるのだ。ごまかしなどをやりかけると、かえって向こうから、こちらの弱点を見抜かれるものだよ〉

〈要するに、外交上のことは、ずいぶん困難ではあるが、なにわれに一片の至誠と、断乎たる気骨さえあるなら、国威を宣揚することもけっしてむつかしくはない〉

陸奥はそんな勝を見て、鼻先でせせら笑って近づこうとしなかったのではなかろうか。勝の方から、「小次郎よ、ずいぶん成長し活躍しておるのう。昔の弟子が国家に尽くしているのを見ると涙が出るほど嬉しいぞヨ」とでもいって褒めてやれば、陸奥もたまには挨拶に来たのであろうが、勝は自分の方からは決して声を掛けるようなことはしない。向こうから「勝先生、勝先生」といって寄って来る者にはいい顔を見せるのである。それは別途述べる「大院君」を高く評価する例でもよく分かる。

〈陸奥は元来才子だから、なかなか仕事はやる。あれも一世の人豪だ。巳代治（＊伊東）などとは始めから比較せられない。しかし陸奥は、人の部下について、その幕僚となるに適した人物で、幕僚に長としてこれを統率するには不適当であった。あの男は、統領もしその人を得たら、十分才を揮うけれども、その人を得なければ、不平の親玉になって、眼下に統領をふみ落とす人物だ。あれがもし大久保（＊利通）のもとに属したら十分才をふるいえたであろうよ。

あれの死んだときに、おれの作った哀歌はこうだ。

愚なる女もたけきもののふもついにくさむす屍なりけり

桐の葉の一葉散りにし夕より落つるこの葉の数をますらん〉

勝は、陸奥のことを、幕僚となるには相応しいが、トップに立って部下を統率する人物ではないといっている（山路愛山が勝を評して、所詮「批評家」であり「外交家」であって、「組織の長たるの資質はない」といっているのと同意である）。

また、上役に人を得なければ、不平の親玉になり、上役を踏み落とす、ともいっているが、これも勝自身のことをいっているように聞こえる。

⑨福沢諭吉

(1)三十年七月十五日

聞き手「木村（摂津守芥舟《かいしゅう》）は、福沢サンを家来につれて行ったそうですが、アレハ一処にいらした時ですか」

勝「ソウサ」

聞き手「福沢は御存じなのですか」

勝「諭吉カエ。エー、十年程前に来たきり、来ません。大家《たいか》になってしまいましたからネ。相場などをして、金をもうけることがすきで、いつでも、そういうことをする男サ」

これは『海舟座談』の明治三十年（一八九七）七月十五日の談話である。これを読むと、勝がいかに福沢諭吉を嫌っているかがよく分かる（もちろん福沢の方も勝を嫌っていた）。勝は『氷川清話』では福沢のことは一切語っていない。『海舟座談』にのみ福沢の名が見られるが、この他には、次の二カ所だけである。

(2)三十一年十月二十三日

勝「福沢（諭吉）も（病状は）少しいい方だそうなネ」

聞き手「十九日ごろから少しいいそうです。維新の時、福沢から、何か書いたものを出しましたか」

勝「イエ、ありません。あの時は、何でも、本所辺にかくれておったそうナ。弱い男だからネ。それで、あとから、何とかかとか言うのサ。アレに、福地（桜痴）ネ。ミンナ、後で、何んとか言うのサ」

もう一カ所は、その二カ月ほどあとの次のたった一行足らずの文だけである。ほとんどシカトしている。

(3)三十二年一月二日

勝「福沢（諭吉）はなおったかイ。……フウ、そうか」

実は、(2)で勝が「福沢（諭吉）も（病状は）少しいい方だそうなネ」といったのは、その一カ月前の九月二十六日に福沢が脳出血で倒れたからである。その後、福沢が回復したため、(3)

のように勝は「福沢はなおったかイ。……フウ、そうか」といったのだが、その直後の一月二十一日に勝自身が没している。死を目前にして、勝は論敵福沢を気遣ったのであろうか。福沢はその二年後に亡くなっている。享年六十七。勝は七十七であった。

⑵で勝が「あとから、何とかかとか言うのサ」というのは福沢の『瘠我慢《やせがまん》の説』をいっているのであろう。福沢がこれを書いて幕府を裏切った勝と榎本武揚に送ったのは明治二十五年（一八九二）一月末で、発表されたのは明治三十四年（一九〇一）と、福沢も勝も亡くなったあとである。

それはともかく、有名な書なので、現代語で要点を紹介する。ただし榎本武揚の部分は省略する。

「『国家』を成り立たせているものは『私』であり、『公』などではない。全て私情である。外に対する『私』は内に対する『公』なのである。たとえ廃滅が明らかでも、万一の僥倖を期待して斃れるまで戦うのが公道である。父母が大病で回復の望みがないと知りながらも、臨終に至るまで医薬の手当てを怠らないのと同じである。勝算がなくても力の限り尽くし、しかるのち和睦するか死を決するかが立国の公道である。これが俗にいう『瘠我慢』である。

必敗必死を眼前に見てなお勇進するのが三河武士の家風であった。封建制度が廃止され大日本帝国となり文明世界の独立国家となっても、この『瘠我慢』の精神こそが大事な根本である。

南宋時代、主戦と講和の二派に分かれ、主戦論者は退けられたり殺されたりしたが、後世の評価は、講和論者の不義が憎まれ、主戦論者の忠義が憐れまれた。後世国を治める者は、講和論者の姑息を排し、主戦論者の『痩我慢』を取るべきである。

維新の際この大切な『痩我慢』を害してしまった。徳川の末路に、家臣の一部分が敵に抵抗せず和を講じて幕府を解消してしまった。一時の利益のため、数百千年養ってきた武士の気風を損なってしまったのだ。そもそも維新のことは、帝室の名義ありといっても、その実は二、三の強藩が徳川に敵したるものに外ならない。殺人散財は一時の禍で、士風の維持は万世の要である。王政維新のことは国内のことで兄弟朋友の争いであるというのは逃げ口上に過ぎない。もっぱら平和無事に誘導した人々を率いて、どうやって士気を振るって外敵と戦わせようというのか。内に『痩我慢』なき者は外に対してもそうである。外敵に遭い万が一の場合は日本国民を解散するとでもいうのか。

織田信長が、武田勝頼の奸臣（＊主人勝頼を織田に売った）小山田信茂を処刑したような例は枚挙に遑がない。敵の中に、平和論を唱える味方に好都合な謀臣がいれば、これを厚遇して置き、戦火が収まったあとに、この利用した人物を不臣不忠といって、時としては殺してしまうことも少なくない。勝氏が新政府で貴顕となり愉快に世を渡っているのを誰も怪しまないのはおかしなものである。

勝氏が、殺人散財をまぬかれた功績は認めるが、三河武士の精神に背き、立国の根本たる士気を弛《ゆる》めた罪は逃れられない。『武士の風上にも置かれぬ』とは我が一身のことであるといって、勝氏が官職・爵位を捨て、身を隠すなら、世間も認めるであろう。だがあたかも国家の功臣をもって傲然としているのは、私が弾劾するまでもなく、恥ずべきことである」

これに対する勝の回答である。敢えて原文で紹介する。

「従古《いにしえより》当路者古今一世之人物にあらざれば、衆賢之批評に当る者あらず。不計《はからず》も拙老先年之行為に於て御議論数百言御指摘、実に慙愧《ざんき》に不堪御深志忝存候。

行蔵《こうぞう》は我に存す、毀誉《きよ》は他人の主張、我に与《あずか》らず我に関せずと存候。各人え御示御座候とも毛頭異存無之候。御差越之御草稿は拝受いたし度、御許容可被下候也

二月六日　　　　　　安芳

福沢先生

拙《せつ》此程より所労平臥中筆を採るに懶《ものう》く乱筆蒙御海容度候」

最後の文、「所労平臥中」に筆を採ったと書いてある。日付は二月六日である。この翌日、七日に長男小鹿が三十九歳の若さで病死しており、勝は脱力状態に陥っていたであろう。勝七十歳のときである。

それはさておき、この勝の回答は「行蔵は我に存す、毀誉は他人の主張、我に与らず我に関せずと存候」といっている。「行蔵（世に出るか隠れているか）、すなわち出処進退は、自分が決めることだが、毀誉褒貶は他人がいうことであるから、自分は関係ない」と突き放している。内容に一々反論する気力も気持ちもなかったであろう。

そして最後に、この意見書を公表してもらっても構わない、この草稿は頂いておく、と返信している。

なお、榎本武揚は、多忙につき、いずれ回答するといって議論を避けた。

福沢は咸臨丸で勝と一緒に渡米している。冒頭の引用にあるように、福沢はアメリカに行きたくて木村に頼み、従者ということで渡米を許された。そうした木村に対する恩義もあるが、咸臨丸のころからずっと勝とはウマが合わなかった。

この福沢の論の正否を述べるつもりはない。強いていえば、勝について書いてあることは事実である。

歴史上、主戦論者と和平論者の評価は様々である。福沢の文中にある「南宋時代、主戦と講和の二派に分かれ」は「岳飛と秦檜」のことであろう。南宋の岳飛は主戦派で英雄視され、和議を進めた秦檜は今も蔑視されている。耶律楚材《やりつそざい》は遼（契丹）の王家の血筋だが、金に仕えていた。そして金がモンゴルに滅ぼされると今度はモンゴルに仕えた。

隋末唐初の魏徴《ぎちょう》は、唐の初代皇帝高祖の敵方に仕えていたが、帰順し高祖に仕えた。高祖の皇太子に仕えていたとき、その弟の暗殺を勧めたがその案は退けられ、皇太子が弟に暗殺されると、今度はその弟に仕えた。この魏徴の「述懐」という詩に有名な次の一節がある。

季布に二諾無く

侯嬴《こうえい》は一言を重んず
人生意気に感ず
功名誰か復た論ぜん

閑話休題、木村摂津守が勝を大目に見ていたにもかかわらず、福沢は最後まで勝を許せなかったのである。一方、勝は、福沢諭吉のことをほとんど語らない。『氷川清話』に福沢の名は一度も出てこない。

勝も福沢に対しては悪意に満ちた発言をしており、二人は最後まで気を許さなかった。木村摂津守の鷹揚さとは雲泥の差である。

なお次は、この福沢と勝のやり取りに対する木村摂津守の評である。

「二氏ノ性情、勝伯ノ答、学者ノ論ト云ウモ妙、又福沢先生ノ説ハ古来日本武士ノ気ヲ失セズ、欧西人ノ説ニ少シク違ウニ似タルモ妙」

公平で、両者を立てている木村らしい評である。

⑩福地源一郎

勝は『海舟座談』で、福沢と並んで勝を批判する幕臣として、福地源一郎を挙げている。福地は、慶応四年（一八六八）閏四月に江戸で『江湖新聞』を創刊し、彰義隊が上野で敗れたあと、同誌に「強弱論」を掲載した。「ええじゃないか、とか明治維新、とかいうが、ただ政権が徳川から薩長に変わり、薩長を中心とした幕府が生まれただけだ」と新政府を批判した。その結果、新聞は発禁となり、福地は逮捕されたが、木戸孝允のお陰で釈放となった。

面白いのは、福沢が『痩我慢の説』で勝に噛みついたのに対し、福地の方は徹底して勝をシカトしたことである。福地は『懐往事談』『幕末政治家』『幕府衰亡論』の三冊で、幕臣側からの歴史を書いたが、これらには勝海舟の名は一度も出てこない。徹底して無視したのである。福地には意地でも勝のことは書かないという強い意志があったようだ。一般には勝を書かなければ幕末・維新史は成り立たないと思うかも知れないが、本書を読んだ読者はもう、必ずしも必要ないことを理解されると思う。繰り返すようだが、丹羽長秀の名を出さずとも、安土城の話はいくらでも書けるし、重光葵の名を出さずともポツダム宣言受諾の経緯は語れるのである。

⑪明治天皇

明治天皇はもちろん友人ではなく、勝と不和でもなかったが、気が合う関係ではなかったようだ。『妄友帖』の番外のお一人である。

〈陛下はオレを御信用なさらない。一度御陪食をしたが、そのほかあまり上がらない〉

勝が陪食したのは一度ではないようだが、天皇と親しく会話を交わしてその信頼を得たことはないようである。同じ『海舟座談』で勝が天皇に面会することに関する部分をもう一カ所、紹介する。

〈ワシは、イケマイよ。何しろ、敵（＊朝敵）の張本であるし、兵馬の全権を握っていたので、

大の悪ものになっていたから、お附きからも、皆なソウ申し上げたろう。恐らく、西郷といえども、ソウであろうと思っている〉

「敵の張本であるし」といっているが、徳川方であったことで大の悪ものになるなどということは、例外は別にして、明治に入り数年で消えてなくなっている。鉄舟などは明治五年（一八七二）に西郷に懇請されて天皇の侍従になり、厚い信頼を得ているのだ。まして西郷が勝のことを悪ものだなどというはずがないではないか。天皇の信頼を得られないことに対する勝の僻みとしか思えない。

この朝敵云々に関し、南條範夫氏の『山岡鉄舟』に、鉄舟が天皇の侍従になり初めて伺候《しこう》したときのやり取りが書いてある。面白いので引用させていただく。少々長いので、地の文は省略し、会話部分だけ抜き出した。

天皇「山岡、お前は朝敵の家来だそうだな」
鉄舟「お上、畏れながらそれは違いまする」
天皇「だが、お前は徳川家の直参――」
鉄舟「お上、徳川家は朝敵でございました。しかし只今は陛下の恭謙な臣下でございます。不肖山岡もかつて朝敵の家臣でございましたが、只今は陛下の忠良なる臣民でございます。現在、わが国に、朝敵などは一人も存在しておりませせぬ」

天皇「そうだ。朝敵の家臣だったなと言うつもりだったのだ。朕の間違いだ」
鉄舟「お上は、それにおこだわりをお持ち遊ばしまするか」
天皇「いや、朕は別に何とも思っておらん。お前の方で内心こだわっていては困ると思うて、わざと聞いてみたのだ。先日も海軍大輔の勝に会うた。あれもかつての朝敵だ。が、今は忠良な朕の幕僚となっている。昨日の敵は今日の友――と言うか、朕は嬉しく思うている。山岡、旧朝敵の件については、今、すっかり話合うてしまった訳だな。これっきり、お互いにすっぱり忘れよう」

さすかは南條氏である。この時分（明治五年）の状況を見事に捉えているではないか。これをもって歴史のある事実を証明しようという訳ではないが、こんな会話があったかも知れないと彷彿とさせるに十分で、さすがは南條氏であると思う。

鉄舟が明治天皇をお諫《いさ》めした話があるので紹介する。これは鉄舟が天皇と相撲をとったという話になって伝わっているが、以下は『おれの師匠』における記述である。全文引用すると長くなるので要約してお伝えする。
「鉄舟が天皇と角力《すもう》をとって、天皇を投げ飛ばしたと伝えられているが、実は違う。
天皇は元気で酒も強く、よく徹夜で飲んだ。近侍《きんじ》の者は、よく角力の相手をさせられたが、天皇は体重が二十何貫、体力もあり力も強く、ほとほと閉口していた。鉄舟はあまりに天皇の振る舞いが激しいので、一度諫めなければと思っていた。

そこへ天皇が『山岡、お前は撃剣をやるが、角力も強いであろう。立ち合え』と仰せられた。鉄舟が『角力はわきまえません』と断ると、天皇はいきなり鉄舟めがけてぶつかってきた。座っていた鉄舟がさっと体を開くと天皇はのめってしまった。鉄舟はあろうことかその天皇を押さえつけてしまった。近侍の者たちは一瞬のことに気を奪われて総立ちとなり、

『さがれ！　山岡！　不敬だぞ！』と大騒ぎになった。鉄舟は、

『不敬なことは山岡、万々承知である！』と一同を睨みつけ、天皇から手を離すと、

『ただ今までの御行跡が改まり遊ばさねば、鉄太郎今日限り出仕つかまつりませぬ』といって、呆気に取られている周囲を尻目にさっさと退出してしまった。

山岡は家に帰って謹慎していると、次の日、右大臣の岩倉具視が鉄舟の家にやって来た。さすが聡明な天皇である。岩倉をもって、

『朕も今までのことは悪かった。以後角力と酒は止めるから、山岡もこれまでどおり出仕せよ』と伝えさせたのである。鉄舟は『はっ』と平伏し、感激の涙が胸に込み上げてくるのを禁じえなかった。この後天皇は、角力は全くやめた。酒の方は一カ月ほど飲まなかったが、鉄舟が気を利かしてワインを一ダース献上したので、それから禁酒を解いた。だが、夜を徹して飲むようなことはなくなった」

天皇が臣下に謝り、右大臣（政権のトップクラス）にそれを伝えに遣ったなど前代未聞であろう。明治天皇には、このような素質があったのだ。だから西郷はそれを見抜いていて、鉄舟を側に仕えさせたのである。天皇に意見するなど、鉄舟にしかできなかったであろう。

蛇足であるが、明治天皇は偉丈夫であった。身長は諸説あるが、外国の新聞に一七〇センチと書いてある。当時日本人男性の平均身長は一五五センチであったからかなり長身である。たまたま立ち寄った民家の、高さ一七四センチの鴨居をくぐるとき、ちょっと屈《くぐ》められたという逸話があるそうだ。いずれにしても一七〇センチ以上はあったようである。当時は天皇の身長など公表されなかったとか。ちなみに体重はというと、二十四貫（九〇キロ）であったらしい。

さて一方の鉄舟はどうか。身長一八八センチ、体重一〇五キロであった。ではついでながら西郷隆盛はどのくらいあったか。身長一七八センチ、体重一〇〇キロ。

これは冗談であるが、三人で「ミカド部屋」を創設しようという相談をしていたら、村田新八（一八〇センチ）、桐野利秋（一七七センチ）がオレたちも入れて欲しいといってきたとか、こなかったとか……。

大院君

⑫大院君

ここで「大院君」を取り上げるのは、「大院君」を勝と肌が合わない人物としてではなく、その逆で、「大院君」のような人物を勝は評価する、という例として挙げるためである。

〈大院君も、とうとう死んでしまったのう。この人については、種々の批評もあるが、とにかく一世の偉人だ。君はかっておれを、東海の英傑だといって、朝廷には誠忠をもってつかえ、徳川氏の宗廟を絶たないように処置した功績は、千載不朽だとほめてくれたが、もとより過賞ではあるけれど、おれは、大院君をもって知己の一人だと思っているのだ〉

大院君は勝とほぼ同年代の人である。『氷川清話』を語ったころの勝は七十五歳で、大院君は二歳年上の七十七歳。亡くなったのは、大院君がその翌年で、勝がさらにその次の年であった。大院君は勝のことを「東海の英傑」といい、「朝廷」「徳川氏」によく尽くしたと褒めている。勝も大院君を、「種々批評もあるが」と断ってはいるが、「一世の偉人」と高く評価している。では大院君とはどんな人物か。まず「大院君」は時の朝鮮国王の生父である。彼は「守旧の念強く攘夷を事とし……我が国の開国交渉に応ぜず……」（『広辞苑』第一版）というように、明治初頭に我が国の開国要求を頑なに拒んだ。ただ『広辞苑』のこの解説部分は第二版以降、現在の第七版でも削除されている。ちなみに『広辞苑』は版を重ねるにしたがって内容が反日・偏向の度合いを増しているため、国語はともかく、歴史用語に関してはとても鵜呑みにする訳にはいかない。詳細は拙著『『広辞苑』の罠』（祥伝社）を参照されたい。

彼は国王の正室閔妃《びんぴ》一派と権力闘争を繰り返した。イギリスの旅行家イザベラ・バードは『朝鮮紀行』で、「閔妃は大院君を失墜させようとし、大院君は閔妃の母、弟、甥を殺害した上に閔妃自身の命をねらっており、両者の確執が白熱の一途をたどっていた」と書いている。

第六章　勝海舟の人物像

勝はスパイか

〈おれが初めて西郷に会ったのは、兵庫開港延期の談判委員を仰せつけられるために、おれが召されて京都に入る途中（＊元治元年九月十一日）に、大坂の旅館であった。そのとき西郷はお留守居格だったが、くつわの紋のついた黒縮緬《くろちりめん》の羽織を着て、なかなかりっぱな風采だったよ。西郷は、兵庫開港延期のことを、よほど重大の問題だと思って、ずいぶん心配していたようだったが、しきりにおれにその処置法を聞かせよというわい。（中略）それから彼の問うに任せて、おれは幕府今日の事情をいっさい談じて聞かせた〉

このときのことを西郷が大久保利通に知らせた手紙がある。

「勝氏へ初めて面会仕り候ところ、実に驚き入り候ふ人物にて、最初うち叩くつもりにて、差し越し候ところ、トンと頭を下げ申し候。どれだけ知略これあるやら知れぬ塩梅に見受け申し候。まづ英雄肌合ひの人にて、佐久間（＊象山）より事の出来候ふ儀は、一層も越え候はん。学問と見識においては佐久間抜群のことに御座候へども、現事に候ふては、この勝先生とひどく惚れ申し候」

このように西郷は、すっかり勝に惚れ込んでしまったようである。このとき勝は西郷に何を語ったのか。「おれは幕府今日の事情をいっさい談じて聞かせた」というように幕府の内情を教えたのである。さらに、幕府には人材がいないからもうだめだ、賢明の諸侯四、五人会盟し、兵力を備え外交交渉できるようにすべきだと説いた。

勝部真長氏は、この勝の話により、西郷は長州を叩くよりは、むしろこれと手を結び、倒幕の方向に進むことに気が付いたといっている。だが当時、本当に幕府に人材がいなかったのであろうか。幕府は身分が低くても優秀な人材は抜擢しており、勝自身その一人ではないか。薩長の方が人材が豊富であったというのであろうか。それは見解が分かれるところだが、幕臣には徳川家が大切であったのに対し、勝はそれにこだわらず、「国家」が大切であると考えて次のように語った。

〈おれも国家問題のためには、群議を退けてしまって、徳川氏三百年の幕府をすら棒にふって顧みなかった〉

また西郷に倒幕を勧めた心境のような語りもある。

〈これは別の話だが、「敵に味方あり、味方に敵あり」といって、互いに腹を知りあった日には、敵味方の区別はないので、いわゆる肝胆相照らすとはつまりこのことだ〉

勝は、西郷と面会した二カ月後には、幕府から嫌疑をかけられ失脚している。そのときのことを勝は次のように語っている。

〈この間には実にこみいった事情があるのだが、とにかくおれは及ばずながら国家の安危を一身に引き受けて、三年の間、種々の危険をおかして奔走したのに、一朝説は聞かれず、はかりごとは用いられず、このとおりに退職を命ぜられるとは、まことに情けないことだが、もうこ

うなっては仕方がない。悠々自適、身を栄辱のほかにおくばかりだ〉

　このように「江戸無血開城」に際し再び西郷と会うまでの三年二カ月の間、慶応二年（一八六六）「会薩調停」「宮島会談」の交渉役として四カ月間復帰しただけで、幕府の中枢から遠ざけられていたのだ。そして次の復活が、鳥羽・伏見の戦い勃発直後である。徳川慶喜が江戸に逃げ帰り、恭順を決め込み、新政府軍との敗戦処理役として勝を引っ張り出したのである。

　慶応二年に軍艦奉行に再任して会津・薩摩・長州との交渉役に駆り出したのも、慶応四年の鳥羽・伏見の戦いの直後に海軍奉行並・陸軍総裁として新政府との和平交渉に当たらせたのも、徳川慶喜である。慶喜は、勝を薩長側とのパイプ役として利用したのである。その限りにおいては勝を最も信任していたといえる。しかし慶喜は勝を嫌っていた。というかウマが合わず、またあまり信用しておらず、勝はそのことを知っていて『海舟座談』で次のように語っている。

〈慶喜公でもそうだ。徳川家を禍いするものは勝であるという事を、書面にも書かれたのを見た〉

　にもかかわらず慶喜は二度も勝を登用している。このことを江藤淳氏は『海舟余波』で次のように書いている。

「慶喜がこの頃海舟に信任を寄せていたという事実に疑いをさしはさむ余地はなさそうに思われる。しかし、実はおそらく慶喜は、官軍側でもっとも親徳川的な分子として、といって悪ければ、官軍に自己の恭順を表明する窓口としてのみ海舟を信任していた、というべきであろう」

正にいい得て妙である。慶喜は当時の勝を薩長の工作員、スパイと見做していたのであろうか。ちなみに工作員には次の三種類がある。

①積極工作員　Active Measures
②影響力のある代理人　Agent of Influence
③自覚しないエージェント　Unwitting Agent

①は、いわゆるお馴染みの「007」、ジェームズ・ボンドである。
②は、金や女をあてがわれて、自分の欲のために利敵行為をする工作員である。
③は、自国のために善かれと思って活動し、それが利敵行為になっている、そういう工作員である。つまり本人に工作員としての自覚がないのである。一番始末に悪いタイプであるが、江藤淳氏は、勝がこの③に該当するといっているに等しい。

戦前の有名なゾルゲ事件で処刑になった尾崎秀実《ほつみ》は、この③であった。彼は朝日新聞の記者であったが、近衛文麿のブレーンとなり、ソ連のスパイとして働いた。彼は世界共産主義革命を夢見ており、日本を敗戦に追い込み、革命を起こそうとした。彼は手記（『尾崎秀実手記』）に次のよう書いている。

「社会主義は一国だけで完全なものとして成立するものではありません。世界革命を待って始めて完成するのであります。全世界に亘る完全な計画経済が成立って始めて完全な世界平和が成り立つものと思はれます」

尾崎は、自分が悪いことをしているという意識はなかった。日本のために革命を起こそうとしたのである。「日本」は「私」で、「世界」こそ「公」と思っていたのかも知れない。もし世界で社会主義勢力が勝利していれば尾崎は英雄である。そうでなくとも、ロシア政府は親族からの申し出があれば勲章と賞状を授与すると、二〇一〇年一月に発表している。

こういうと勝ファンから、変なたとえをするなと叱られそうであるが、新政府側から見れば協力者ということになるのだ。勝の評価はここにこそあると思われる。つまり、幕臣であるにもかかわらず、徳川家のためにではなく、「国家」のために尽くした人物として評価されているのである。幕府は早晩倒れる、新しい体制が必要だ、という卓越した時代感覚こそが、勝が先見の明があるといわれるゆえんである。勝は早い段階で幕府を見限っていた。例えば咸臨丸で帰国したとき、ちょうど桜田門外の変の直後で、船内に水戸人はいないかといって咸臨丸に捕吏が乗り込んできた。そのときのことを勝は以下のようにいっている。

〈しかし、おれはこのとき、桜田の変があったことを始めて知って、これで幕府はとてもだめだと思ったのさ〉

西郷に初めて会い、幕府の内情を語る四年前である。

ここで、「小栗上野介」で紹介した『罪なくして斬らる』の以下の引用を思い出していただきたい。

勝「惜しむべし、小栗どの。なぜに徳川家ばかりに捉われるのか。なぜにもっと広く目を開こうとはされぬのか」

小栗「悲しむべし、勝どの。直参の身でありながら、なぜに主家に弓引くようなことばかり言われるのか」

剣禅一如

〈剣術の前は禅学サ。それでも、今のような禅学ではないよ。剣術でも技には限りがあるから、その上は心法だ。至誠を明らかにせねばならぬ。後には、つまらない事をしたと思ったが、事に当った時、役に立ったよ。こうやっていて斬りつけられたことなどは、度々あったが、いつでも、こちらは抜いたことはない。始終、手捕にしたよ。だが、先生方がその真似をしたら、直きに斬られてしまうよ〉

勝は「剣」と「禅」の修行もかなりやったが、そのことについてはあまり語っていない。『氷川清話』では全く触れておらず、『海舟座談』でもこの引用箇所と、もう一カ所、「刀でも、ひどく丈夫に結《ゆ》わえて、決して抜けないようにしてあった。人に斬られても、こちらは斬らぬという覚悟だった」という行だけである。

勝が鉄舟と似ているのは、「剣」と「禅」の修行により胆力が磨かれたことである。

まず勝の「剣」について述べると、十三、四歳から二十歳を過ぎるころまでかなり熱心に修行した。初めは親戚の男谷精一郎信友の道場に通ったが、のちにその弟子の島田虎之助に師事した。島田は技だけでなく、身体と心胆の訓練を重視した。勝は島田の塾に寄宿し、寒中になると夕方の稽古のあと、王子権現まで稽古着一枚で出かけ、夜稽古をした。勝は一日も怠らなかったと語っている。

次に「禅」であるが、十九か二十歳のとき、牛島の広徳寺で始め、四年間、真面目に修行した。勝は幕府瓦解のとき、万死の境を出入して、ついに一生を全うできたのは、この剣と座禅の修行のお陰であると語っている。

だが勝は、剣と禅だけでなく、同時に蘭学にも励んだ。のちに勝は政治家になったため、「剣」「禅」についてはあまり語らないのだろう。

蛇足であるが、男谷精一郎信友という剣客は、実は勝にとっては又従兄弟なのだが、海舟の伯父の養子になったため、従兄弟となった。男谷は、従来の木刀による形重視・他流試合禁止を改め、竹刀《しない》試合を奨励した。男谷は、申し込まれた試合は一度も断らず、三本のうち一本は必ず相手に花を持たせて勝たせるが、男谷から二本取った者はいなかった。それほど強かった。やがて安政三年（一八五六）、幕臣の武芸奨励のために講武所ができると、そこの頭取並に就任した。この男谷精一郎を主人公とした『竜車の剣』という漫画が昭和三十年（一九五五）ごろの雑誌『少年』の付録にあった。描いたのは『鉄人28号』の作者横山光輝氏である。当時の月刊誌には、付録に多くの漫画本が付いていた。この『竜車の剣』は三〇～四〇頁はあったであろうか、読み切りであった。残念ながら手塚治虫氏の初版本『新宝島』などと共に、筆者がニューヨーク赴任中にあえなく屑屋に払い下げられてしまった。以前、神田の古本屋で筆者が持っていた手塚治虫氏の初版本が確か五十万円前後で売られていた。持っていた漫画本が全部残っていたらン百万円で、筆者の老後は安泰であったのだが。金に縁がないッ。

一刀正伝無刀流

「剣」と「禅」で心胆を鍛えた点は鉄舟も勝と似ているが、鉄舟は政治家ではない。だが、徳川家が静岡に移って数年は権大参事として大久保一翁らと共に県政に奔走した。明治四年（一八七一）には茨城県参事、伊万里県権令として難治県（解決困難な問題があり統治が難しく知事の成り手がない県）の問題を文字通り瞬く間に解決。なので政治手腕もかなりあった。そして明治五年（一八七二）からは、西郷のたっての懇請により、十年間の約束で明治天皇の侍従を務めた。西郷の死後も勤め続け、西郷との約束通り十年目にきっぱりと宮内省を辞めて、その後は剣と禅の修行に専念した。鉄舟は「西郷さん、『無血開城』のご恩はお返し致しましたぞ」と心の中でいったに違いない。鉄舟は基本的には剣術家、むしろ求道者だったのである。

鉄舟は千葉周作の玄武館に入門したが、そのころは明けても暮れても撃剣一筋であった。町を歩いていて竹刀の音が聞こえると、その道場に飛び込んで行き試合を申し込んだという。また訪問客があると、だれかれ構わず稽古の相手をさせた。御用聞きまで相手をさせられ、それも何回も何回もであったため、そのうち御用聞きが来なくなってしまったという逸話もある。稽古では、普通は一試合するごとに面を取り、挨拶をして一息入れるのだが、鉄舟は面も取らず、続けて片っ端から何人もの相手をした。また木剣で三寸余りの欅《けやき》の羽目板を諸手突きで突き破ったという。それで「鬼鉄」と呼ばれ、恐れられていた。

文久三年（一八六三）、腕に覚えのある浪士を集め、将軍家茂上洛の警護に付けることになった。この浪士たちの取り扱いは松平主税介《ちからのすけ》に命じられた。ところが集まった浪士は、元天狗党の芹沢鴨ら水戸浪士、武州農民出身の道場主近藤勇とその一派、甲斐の博徒山本仙之助とその子分二十余人などで玉石混淆、乱暴者も多く総勢二百三十四人。松平主税介は恐れをなし、急病と称して辞任してしまった。残された相役の鵜殿鳩翁《うどのきゅうおう》も五十七歳と、当時としては老人で、困り果てて、鉄舟と松岡万《よろず》を取締役に抜擢した。これだけの荒くれ者を統率して京まで連れて行くのは、並大抵の腕と統率力では、とても無理な話である。それを鉄舟は立派にやり遂げたのである。

京より戻った鉄舟は、同志の清河八郎が暗殺され、清河と親しかったという理由で閉門を申し付けられた。しかし年末にはそれも解かれ、浅利又七郎義明に師事し剣の道に邁進した。鉄舟二十八歳のときである。鉄舟は寝ても覚めても剣豪浅利の幻影が目の前に立ちはだかり、どうしてもこれを打ち払うことができなかった。四十五歳のとき、禅に大悟すると同時に浅利の幻影が消えた。そこで浅利と立ち合うと、浅利は鉄舟が自分を越えたことを悟り、一刀流相伝の極意の伝書を鉄舟に与えた。鉄舟は一刀流十三代の正統を継ぐことになったのである。鉄舟にとっては文字通り剣禅一如であった。やがて自ら「無刀流」を創始し、「一刀正伝無刀流」と称した。

これだけの腕を持ち、しかも動乱の幕末・維新の時代を生き抜いて、一人も人を斬ったことがなかったのは、鉄舟の剣の修行が、単に技量を磨くことではなく、武士として肝を練ることであり、人格を磨くことであったからである。この点は勝と類似している。

次に禅であるが、鉄舟は、肝を練るには禅に如かずと思い、禅道に邁進した。動機は勝と同じである。鉄舟が宮中に仕えていたとき、一と六の日が休みであったので、〇と五の付く日の勤務後に三島まで行き、龍沢寺《りゅうたくじ》の星定《せいじょう》和尚の下に参禅した。三年通ったある日、星定和尚から「よし」といわれた。何が「よし」なのか納得できず、不審に思いながら箱根に差しかかったとき、山の端から現われた富士を見て、思わずハッとした。喜び勇んで星定和尚のところへ戻ってみると、和尚は「必ず戻ってくると、待っていた」といった。鉄舟自身気付いていなかった自身の悟りを星定和尚は見抜いていたのだ。次の歌はこのとき鉄舟がその心境を表わして詠んだものである。

晴れてよし　曇りてもよし　富士の山　もとの姿は　変わらざりけり

また、無刀流を創始したのもこの時期である。鉄舟にとって正に剣と禅は一如であったといえよう。

人斬り以蔵

〈文久三年の三月に家茂公がご上洛なさるについて、そのころ京都は実に物騒で、いやしくも多少議論のある人はことごとくここへ集まっていたのだから、将軍もなかなか厳重に警戒しておられた。

このときおれも船でもって上京したけれど、宿屋がどこもかしこも詰まっているので、しかたなしにその夜は市中を歩いていたら、ちょうど寺町通りで三人の壮士がいきなりおれの前へ現われて、ものをもいわず切りつけた。驚いておれは後へ避けたところが、おれの側にいた土州の岡田以蔵がにわかに長刀を引き抜いて、一人の壮士をまっ二つに斬った。「弱虫どもが、何をするか」と一喝したので、あとの二人はその勢いに辟易して、どこともなく逃げていった。おれもやっとのことで虎の口をのがれたが、なにぶん岡田の早業には感心したよ。

後日、おれは岡田に向かって、「君は人を殺すことをたしなんではいけない。先日のような挙動は改めたがよかろう」と忠告したら、「先生、それでもあのとき私がいなかったら、先生の首は既に飛んでしまっていましょう」といったが、これにはおれも一言もなかったよ〉

岡田以蔵は、司馬遼太郎氏の『人斬り以蔵』で有名な剣客である。このころ以蔵は土佐を脱藩したが、土佐勤皇党は衰微《すいび》しており、長州藩の世話になっていたようである。いずれにしても坂本龍馬の紹介で勝海舟に従っていたようで、お陰で勝は命拾いをした。これは、いい加減な話が多い『氷川清話』の中で、真実に近い話であろう。この場面は勝自身が襲われ、その体験を語っており、特に脚色したり、誇張する必要もない。しかも最後の、「これにはおれも一言もなかったよ」というのは本音であろう。いつもの勝なら、何か負け惜しみのようなことをいうはずであるが。勝から見れば以蔵など、単なる無頼漢に見えたはずだが、それが命の恩人になったのである。

この岡田以蔵は、平成二十二年（二〇一〇）のNHK大河ドラマ「龍馬伝」で佐藤健《たける》さんが演じて好評を博した。その佐藤健さんが人気漫画「るろうに剣心」の映画化で主役の緋村《ひむら》剣心を演じている。緋村剣心は幕末「人斬り抜刀斎」と恐れられた伝説の剣客という設定である。こちらの封切りは二年後の平成二十四年だったが、この二つのドラマは同時に彼のところに持ち込まれたそうである。いずれにしても恰好いい役である。小説やドラマはいろいろ脚色されるが実際の以蔵はどうであったのか。最後は仲間からも疎まれ身を持ち崩していくなど、単なる狂犬のような人殺しにも思えるが、辞世の句を見るとそうでもないのではないか。

君が為　尽くす心は　水の泡　消えにし後は　澄み渡る空

この「君」は天皇ではなく、武市半平太（以蔵の師）である。どうであろう。頭の空っぽな単なる殺し屋に、こんな辞世の句が詠めるであろうか。筆者も恥をかかぬよう、そろそろエンディング・ノートに辞世の句を書いておこう。

ところで映画「るろうに剣心」のヒロイン神谷薫役の武井咲さん、美人ですね。名前は「えみ」である。なんで「咲」が「えみ」かというと、旁が「笑」なのである。笑うから口編なのである。「口＋笑」で微笑む意味になる。これが元々の意味で、「（花が）さく」という読み方は日本で付けたのである。これを国訓《こっくん》という。「山笑う」は俳句の春の季語である。草木が萌え始めた、長閑《のどか》な明るい春の山の形容である。山がゲラゲラ笑うなんて思ってはいけない。

「募る」の「つのる」も国訓である。では元の意味は、やはり「つのる」である。同じではないかと思われるかも知れないが、本来の意味は「募集」という熟語があるように「広く求める」という意味で、「希望者をつのる」というように使う。国訓の「つのる」は「つのる思いの忍び泣き」の「つのる」で「ますます強まる」という意味である。「只」も本来は「それだけ、なんでもない」という意味で「只の紙切れ」のように使うが、国訓は「無料」という意味で、「七十歳以上は只です」のように使う。無料のことを「ロハ」というのは「只」を分解したのである。「甲冑」は「甲」が「かぶと」、「冑」が「よろい」と読まれているがこれも国訓で、本来の読みは逆で「甲」が「よろい」、「冑」が「かぶと」である。

「柏」の「かしわ」も国訓である。本来は「このてがしわ」のことである。前者は落葉樹で後者は常緑樹である。「松柏」と並べて節操の固いことの象徴として使われる。それは「松」も「柏」（このてがしわ）も常緑樹で冬も枯れないからである。「柏」が「かしわ」（落葉樹）であったら、このような意味にはなり得ない。論語に「歳寒くして松柏の凋《しぼ》むに後るるを知る」（「凋むに後る」とは凋まぬこと）とあるが、暖かいときは皆緑であるが、寒くなりほとんどの樹木が枯れても松柏はいつまでも緑を保っている、つまり、困難に遭って初めて平時には分からぬ人の真価が分かるという意味である。

四人の暗殺者

さて、「幕末の四大人斬り」をご存知であろうか。もちろんその一人は、前述の土佐の岡田以蔵であるが、あとの三人は誰であろう。

一人は肥後藩の河上彦斎《げんさい》。勝はその彦斎に会っている。次は『海舟座談』の彦斎との会話である。

〈この間の西洋人が祈ってくれたが、「あなたは、神様のお護りがあったのだ」と、まじめに言ったよ。お世辞かしらと思ったら、そうでなかったよ。私は、人を殺すのが、大嫌いで、一人でも殺したものはないよ。みンな逃して、殺すべきものでも、マアマアと言って放って置いた。ナニ、蚤や虱は殺すから、そう思えば善いのだが、極く殺人は嫌いだった。それは河上彦斎（＊佐久間象山暗殺の犯人）が教えてくれた。「あなたは、そう人を殺しなさらぬが、それはいけません。唐茄子でも、茄子でも、あなたは、取ってお上んなさるだろう、あいつらは、そンなものです」と言った。それは、ひどい奴だったよ。しかし、河上は殺されたよ。己は殺されなかったのは、無辜を殺さなかった故かも知れんよ。刀でも、ひどく丈夫に結《ゆ》わえて、決して抜けないようにしてあった。人に斬られても、こちらは斬らぬという覚悟だった。ナニ、蚤や虱と思えばいいのサ。肩につかまって、チクリチクリと刺しても、ただ痒いだけだ。生命に関わりはしないよ〉

河上彦斎

彦斎は広沢正臣暗殺の嫌疑で捕縛され斬首された。

もう一人は薩摩藩の田中新兵衛である。彼は安政の大獄で長野主膳に協力した島田左近を暗殺。また岡田以蔵らと多くの暗殺を実行している。その中に「朔平門外の変」という、尊王攘夷を唱える過激派公家姉小路公知が暗殺された事件がある。この姉小路を斬ったのが新兵衛である。諸説あるようだが、近年の研究では新兵衛が実行犯という説が有力だ。実はこの姉小路公知も勝と関係があった。〈当時攘夷党が勢いを振るったころとて、何でも姉小路から召されて、その旅館本願寺に行ったら、「汝の意見を述べよ」ということであったから、おれは大いに論じた。（中略）そこでおれは、まず「私の汽船に乗って摂海を巡視なされ。その上で見込みを立てられよ」と勧めたところが、姉小路もさっそく承知して、順動丸に乗って一昼夜間、播磨、摂津の海岸を巡視した〉つまり姉小路公知に国防論を披露し、順動丸に乗せて大坂湾を巡視したのである。なお新兵衛は姉小路暗殺の嫌疑で取り調べ中に突如自刃した。

最後は中村半次郎（桐野利秋）である。彼も「人斬り半次郎」の異名を取った。鉄舟が駿府へ行く途中、官軍の陣中に勝手に立ち入り、「朝敵徳川慶喜家来、山岡鉄太郎、大総督府へ通るッ」と大音声で、堂々と押し通った。これに気が付き慌てて鉄舟を斬り殺そうと追ったのが村田新八とこの中村半次郎であった。

勝は西郷と会談したとき、「この時談判がまだ始まらない前から、桐野などという豪傑連中が、多勢で次の間へきて、ひそかにようすをうかがっている」と述べており、また会談が終わったとき「そばにいた桐野や村田に進撃中止の命令を伝え」た、と語っているので、少なくとも顔くらいは見ているであろう。半次郎は明治になり桐野利秋と名を変え、西南戦争に西郷に従い従軍し、額に銃弾を受け戦死した。

このように「幕末の四大人斬り」はいずれもまともな死に方をしていない。

勝もかなりヤバイ連中と接触があったものである。よくまあ無事に喜寿まで生き延びたものだ。

前記河上彦斎の引用のところで述べたように、確かに勝は一生刀を抜かなかったようだ。何度も危ない目に遭ったが、運もよかったのだろう。特に岡田以蔵に助けられたのは運がよかった以外の何物でもない。だから以蔵に「私がいなかったら、先生の首は既に飛んでしまっていましょう」といわれたとき、「これにはおれも一言もなかったよ」と勝にしては珍しく正直に認めている。勝にもこういう素直な面もある。

少々岡田以蔵について補足説明する。以蔵を海舟の護衛に付けたのは坂本龍馬であるが、以蔵の愛刀「肥前忠広」は龍馬が貸したとも、龍馬の兄権平が以蔵に贈ったともいわれ定説がない。いずれにしても坂本家の刀ではあったようである。この刀は現在行方不明になっている。

ここ数年刀剣ブームで、そのきっかけは「刀剣乱舞」とかいうオンラインゲームだそうである。「刀剣女子」などが現われ、博物館の刀剣に群がっているとか。もし岡田以蔵の「肥前忠広」が発見され展示でもされたら、全国から「刀剣女子」が殺到するのではないか。

酒の話

〈葡萄酒をガブガブよけい飲んだら、それから悪くなりました〉

これは『海舟座談』の一行である。その前後がないので文脈が分からない。これを見る限り勝は、酒は飲むようであるが、『氷川清話』には酒に関する談話は全く載ってないし、『海舟座談』もこの箇所だけである。小説ではあるが子母澤寛氏の『勝海舟』には「麟太郎はあまり飲めないから二つ三つでもう真っ紅になって終わった」と書かれている。はっきりとはいえないが酒に強い方ではなかったようだ。

西郷はというと、あの体格でさぞかし酒豪であろうと思ったが、意外とそうでもないらしい。水戸藩の藤田東湖の許を初めて訪れたとき、東湖から「酒は飲むか、バクチは打つか」と聞かれ、「酒は飲みますが、バクチは打ったことはありません」と答えたため、なみなみと酒を注がれ、飲み干したところ、吐いたという。

いずれにしても勝と西郷は、酒は強くはなかったようだ。

しかし鉄舟は桁外れの大酒飲みで、この点は勝と、もちろん西郷とも大違いである。酒に関する逸話がたくさん残っているが、その一つを紹介する。

友人の池田徳太郎が一斗樽（十升）を提《さ》げて「ゆっくり飲もう」とやってきた。一斗の酒を平らげて飲み足りずさらに五升を足したが、さすがに一升ばかり残した。池田が帰ったあと、鉄舟はさすがに頭が痛く夜通し苦しんだ。翌日、池田も苦しんでいるだろうと見舞いに行ったところ池田が、「気持ちが悪いから、五升買いにやって丁度迎え酒をやっていたところだ。まだいくらか残っているからおまえも一杯飲め」といって注いだ。流石《さすが》の鉄舟もこれには手が出なかったそうである。鉄舟の死因は胃癌である。やはり飲み過ぎが祟ったようだ。皆さん、これだけは真似しないように。

当時は「酒」とくると、必ず「女」となる。現代と違い、当時は本妻だけということはなかった。身分の高い武家は、家の存続のためにも側室を持った。本書の品位が下がるのでこの手の話は割愛するが、一言だけいえば、勝も西郷も女は好きであった。

海舟の墓は大田区の洗足池のほとりにある。海舟の実子小鹿《ころく》は青山墓地に、養子精《くわし》の墓は谷中の徳川慶喜の墓の横にある。精は慶喜の十男であるが、小鹿が亡くなったあと勝家に養子に入った。勝は氷川町の邸に妻妾同居していた。正妻民は、文句もいわず妾たちの面倒を見たが、自分が亡くなるときは「勝の傍らには埋めて欲しくない。わたしは小鹿のそばがいい」と遺言し、青山墓地に葬られた。昭和になって、もういいだろうというので、民の墓は洗足池の勝の隣に移された。現在、墓石は並んで立っている。

西郷の「女」については『氷川清話』に話が載っている。

〈例の豚姫の話があるだろう。豚姫というのは京都の祇園で名高い……もっとも始めから名高かったのではない。西郷と関係ができてから名高くなったのだが……ぶたのごとくこえていたから、豚姫と称せられた茶屋の仲居だ。この仲居が、ひどく西郷にほれて、西郷もまたこの仲居を愛していたよ〉

といって「どうもいうにいわれぬよいところがあったのだ」と評している。この豚姫は仲居であって芸妓《げいぎ》ではないから、本当に西郷に惚れたのであろう。こんなところが西郷らしくて微笑ましい。豚姫は昭和まで生きたというから、これを読んだとき、上野の公園で色白の豚姫がベンチに腰かけ、西郷どんに愛を語っている光景が浮かんだ。

勝の蓄財

〈海軍練習所は、今の神戸税関のある所にあった。おれは生田の森の方に宅を構えて、たくさんの塾生を置き、また少し見込みがあったから地所をもだんだん買い入れた。いま兵庫県庁が建っているあたりも、当時おれの所有地だったよ〉

　文久二、三年のころ、兵庫海軍練習所を設置したり、私塾を運営したりしているころ、しっかりと土地投資などもしていたようだ。

〈塾生の中には、諸藩の浪人が多くて、薩摩のあばれものもたくさんいたが、坂本龍馬がその塾頭であった。当時のあばれもので、今は海軍の軍人になっているものが、ずいぶんあるよ。

　しかるに幕府の役人からは、勝は海軍を起こし、地所を買い入れ、薩州のあばれものや、諸藩の浪人を集めて、そして彼らもまた喜んで勝に服しているというのは、何かわけがあるのであろうなどと、ひどく憎まれて、とうとうしまいには、江戸の氷川へ閉門を命ぜられ、地所などもいっさい取り上げられてしまったよ。おれもあの地所が残っていると、こんなに貧乏でも

あるまいにのー、アハハハ〉

庄屋の生島四郎太夫に、神戸の近辺の土地は今は大したことはないが、いずれ繁華な場所になるから買っておけ、といって買わせた。生島は維新後に非常に儲けて財産家になったといっている。しかし勝は、そのころの挙動を幕府に疑われて、買い込んでいた地所が没収されてしまったので、そのことを非常に残念がっている。

〈おれは安倍川の先の方に山林を一つ持っているが、それも求めて買い入れた訳ではなくて、やむなく手にいれたのだ〉

安倍川は静岡市を流れる川で、徳川家が静岡に移住したときに買ったのであろう。

〈洗足村の別荘は津田（＊仙）が勧めたから、二百五十両かいくらかで安かったから、言い値のまま買い求めて、そのまま元の持ち主を住まわせて留守番をさせてあるのだ。持ち主はそれで自分の顔も立つし、臨時の収入もあったので、大そう喜んで大切に手入れをしてくれるよ〉

勝はこのように洗足村に別荘を買っていた。現在はここに勝の墓がある。明治五年（一八七二）には赤坂氷川神社の近くに二千五百坪の旗本邸を五百両で購入している。暗殺を避けるために広い邸宅が必要で、さらに五百両投じて修理したそうで、総額千両、現在の価格で一億円程度である。

勝は、曽祖父が検校で、利殖の才があった。その才能は血筋であろう。一方、鉄舟は利殖などに関心がなく、なぜか貧乏が板についていた。

かくいう筆者も鉄舟に似ている。というより利殖の才能がないのである。以前、大学ＯＢたちを対象とした定例講演会で、たまたま利殖がテーマだったので、どういう投資の仕方をすれば儲かるかを質問しようとしたとき、つい、「家内に、アナタは経済学部を卒業したのに何で金儲けが下手なの、といわれるのです」といったら、会場がドッと沸いた。続けて「その当時は、マルクス経済学ばかり教わっていたからだよ、と答えました」といったら、またドッと笑いが起こった。そのとき、正面の講師の隣に座っていたマルクス経済学の大家で私の恩師が渋い顔をしていた。その話を家に帰って家内にしたら、「先生の教え子が全て金儲けが下手な訳ではないでしょ」と笑われてしまった。確かにマルクス経済学のせいではなく、飽くまで自分の能力不足である。責任を転嫁してはいけない。反省。

ホラ吹き伯爵

〈大勲位とか、何爵とかいう肩書を貰って、俗物からわいわい騒ぎたてられるのをもって、自分は日本一の英雄豪傑だと思っているのではないか〉

〈陪臣、国命を執れば亡ぶと、聖人はいわれたけれども、北条氏は九代も続いたではないか。そして北条氏は天下の執権でも、そのころは、わずか従四位下で、かく申すおれよりも下ではないか。おれは、従二位勲一等の伯爵様だからのう〉

普通の人間なら誰でも、肩書や勲章を欲しがるものであるから、それを自慢したからといって、特に非難することはない。しかし一方でそれを自慢する人を軽蔑するような発言をしていながら、他方で自分がそれを鼻にかけているのがいただけないのである。勝は至るところで自分は「伯爵」「伯爵」と自慢している。

〈人間生きているほど、めんどうくさいものはない。それならといって、まさか首をくくって死ぬわけにもいかず、伯爵の華族様が、縊《い》死《し》したとでも新聞に出されると恥だからのう〉

売春宿に入るのを人に見られ、参議ともあろうものが、と注意されて参議を辞めたくらいであるから、「伯爵」の肩書が邪魔で首をくくれないなら、いっそ「伯爵」を返上してしまえばいいではないか、と思うのは私だけであろうか。

勝精

勝海舟自身は「新聞に出され」ないように「伯爵」の名を汚さなかったが、慶喜からいただいた養子の「精」が泥を塗ってしまった。勝には実子の「小鹿」がいたが、これが三十九歳で没し、男子がいなかったため、旧主徳川慶喜の十男「精」を「小鹿」の長女伊予子の婿に貰い、勝家の跡を継がせた。もちろん伯爵も継いだ。なかなかのイケメンで、父親（実父・養父双方）譲りのプレイボーイだった。女遊びがお盛んで、赤坂の花柳界に毎晩のように通っていた。実父の血は争えないが、養父の血まで引き継いでいるとは、いやはや。まあ、時代が時代だから、女遊びが盛んだからといって目くじらを立てることもないのだが、昭和七年、愛人と心中してしまった。新聞に「勝海舟翁の養嗣子、愛妾と心中を遂ぐ」という大見出しが躍った。「新聞に出されると恥だからのう」と勝がいったとおりになってしまった。違うのは「縊死」（首吊り）ではなく「服毒」だったことである。

話が逸れた、勝の華族自慢に話を戻そう。

いままでは　人並みの身と　思いしが　五尺に足らぬ　四尺（＊子爵）なりとは

勝はウルサイから、伯爵をやっておけ、ということで、伯爵を与えられたとか。ゴネ得のようなものである。

どの爵位を与えるかは、実際は役人が決めるのであるが、授爵は天皇が行なうのである。自分にはその資格がないから辞退するというなら分かるが、子爵では不足だからもっと上の爵位をよこせ、とは恐れ入った話である。

勝のために弁解しておくと、勝は困窮した旧幕臣の救済のため就職の斡旋をしたり、また相当私財を投じたりした。そのため勝は、少しでも高い地位に就き、また高収入を求めたのかも知れない。

なお、旧幕臣でこのとき伯爵になったのは勝だけである。鉄舟や大久保一翁、榎本武揚らは子爵になっている。

鉄舟が子爵を与えられたときに詠んだ歌を前の勝の歌と比較して欲しい。

食うて寝て　働きもせぬ　御褒美に　蚊族（＊華族）となりて　又も血を吸う

単なるユーモアではなく、清貧に甘んじている仲間たちのことを思うと自分だけが栄達するのが苦痛だったのだろう。その自責の念にかられて詠んだものである。

ちなみに、中曽根康弘元首相は、平成九年（一九九七）に大勲位菊花大綬章を受章している。中曽根氏は本来ならもっと早く貰うはずであったが、リクルート事件に関与したため、遅れたそうである。事件後、年月が経過し、ほとぼりが冷めたので受章した、と聞いたことがある。直接関係ないが、東京に焼夷弾の雨を降らせた張本人、アメリカのカーチス・ルメイ空軍参謀総長は、勲一等旭日大綬章を受章している。戦後日本の航空自衛隊の育成に協力したからだそうだ。勲章なんてこんないい加減なものである。筆者はこのようないい加減な勲章を持ってこられても絶対に受け取らないつもりである。家内は「その心配はないわよ」と保証してくれているが。

〈全体、今の大臣らは、維新の風雲に養成せられたなどと大きなことをいうけれども、実際剣光砲火の下をくぐって、死生の間に出入して心胆を練り上げた人は少ない。だから、一国の危機に処して惑わず、外交の難局に当たって恐れない、というほどの大人物がないのだ。先輩のしり馬に乗って、そして先輩も及ばないほどの富貴栄華を極めて、独りで天狗になるとは恐れいったしだいだ。先輩が命がけで成就した仕事を譲り受けて、やれ伯爵だとか侯爵だとかいうようなことではしかたがない〉

鉄舟が成し遂げた「江戸無血開城」を自分の手柄だと報告・吹聴《ふいちょう》し、また木村摂津守の努力を無視して自分だけが「日本海軍生みの親」だという顔をしている勝がいう言葉だろうか。

〈おれなどは生来人がわるいから、ちゃんと世間の相場を踏んでいるよ。上がった相場も、いつか下がるときがあるし、下がった相場も、いつかは上がるときがあるものさ。その上がり下がりの時間も、長くて十年はかからないよ。それだから、自分の相場が下落したとみたら、じっとかがんでおれば、しばらくすると、また上がってくるものだ。大奸物・大逆人の勝麟太郎も、今では伯爵勝安芳様だからのう〉

勝は、抜擢と失脚を何度か繰り返している。その意味ではこの言葉は勝の実感であろう。面白いのは、勝が自分自身を「生来人がわるい」「大奸物・大逆人」といっていることである。もちろん卑下していっているのであろうが、勝も徳川から見れば、そのようにも見えるだろうと思っていたであろうか。この直後にも次のようにいっている。

〈おれはずるいやつだろう。横着だろう。しかしそう急いても仕方がないから、寝ころんで待つが第一さ。西洋人などの辛抱強くて気の長いのには感心するよ〉

〈山岡鉄舟も、大久保一翁も、ともに熱性で、切迫の方だったから、かわいそうにわか死にをした。おれはただずるいから、こんなに長生きしとるのさ〉

〈こういうふうでは、やはり幕府の末路と同じようになるかもしれないから、しっかりやってもらいたいものだ。おれなどは、昔からずるいやつだによって、この六畳の室に寝てばかりいるけれども……〉

このように勝は三度も自分のことを「ずるい」といっている。単なる謙遜とは思えない。人の手柄を横取りしたり、自分がやってもいないことをちゃっかり自分がやったように吹聴したり、確かに「ずるい」。しかし勝は、自分でそれを自覚しているようだ。たびたび引用する『罪なくして斬らる』の次の会話が勝の「ずるい」にピタリである。

小野友五郎「あのお方はどうも……。同じ海軍でも、このような、いわば裏方の仕事には向かぬお方。でき上がった表舞台で派手に立ち回るのを好まれるようで……」

小栗上野介「なるほど。言えておる」

西行法師

〈西行法師は、古今第一等の人物だろう。試みにその歌を誦《しょう》してみると、彼の高潔の姿は彷彿として眼のまえに現われるよ。一たん志を立てて超然として脱俗し、少しも世をうらむふうがなく、一生を風雅に托したのは実に高士ではないか〉

勝は西行をなぜ取り上げたのだろうか。西郷、西郷と『氷川清話』の中で九十九回も「サイゴウ」の名を口に出しているので、まさか舌がもつれて「サイギョウ」（西行）といったのではあるまい。勝は脱俗して風雅の道を歩んだ西行とは対極の人間のように思えるが、それだけに西行の生き方に憧れを抱いたのかも知れない。

西行出家の動機は二説ある。「親友急死説」と「失恋説」である。たぶん失恋が原因ではないか。なぜなら出家した割には恋の歌が多いからである。

西行は二十三歳で出家したが、そのときすでに妻も子（四歳）もあった。出家の際、泣いて取りすがる子を縁側から蹴落として家を出た、という逸話がある。次はそのとき読んだ歌である。

惜しむとて　惜しまれぬべき　此の世かな　身を捨ててこそ　身をも助けめ

何とも非情な話ではある。この「助けめ」の「め」は「こそ」の係り結びで、「助けむ」が已然形《いぜんけい》の「助けめ」になったものである。これをいうと思い出すのが卒業式に「蛍の光」と共に歌われる「仰げば尊し」の一節「思えばいとどし　この年月　今こそ別れめ　いざさらば」である。舟木一夫の「高校三年生」の歌詞「僕ら離れ離れになろうとも」を連想すると、進路の「分かれ目」のようにも思えてしまう。これは「こそ」の係り結びで「別れむ」の已然形である。もう一つ「思えばいととし」はどういう意味か。その前に「教えの庭にも　早幾歳」とあるので、「いととし」の「とし」は何となく「歳」くらいに思っていた。しかし歌詞をよく見ると「いと疾し」とあるように「速い」という意味である。「いと」は「いとをかし」などというように「非常に」という意味である。小学生には「疾し」が「速い」などとは分からない。これは孫氏の兵法「風林火山」の「疾きこと風の如し」の「疾き」と同じである。最近は卒業式で「仰げば尊し」はあまり歌われないようである。仰がれるような先生が少ないからか。失礼。

そういえば「蛍の光」もあまり歌われない。一、二番はよく知っているが、三、四番はほとんど知られていない。脱線のついでに紹介しておく。

（三番）筑紫の極み　陸の奥　海山遠く　隔つとも
　　　　その真心は　隔て無く　一つに尽くせ　国の為
（四番）千島の奥も　沖縄も　八洲《やしま》の内の　守りなり
　　　　至らん国に　勲《いさお》しく　努めよ我が背　恙《つつが》無く

この三、四番は、戦後ＧＨＱにより削除された。こんなところにも未だ戦後の爪痕《つめあと》が残っているのか。これを復活して生徒たちに歌わせたら、先生は感動（？）に打ち震えてピアノが弾けなくなってしまうのではないだろうか。

それはさておき、西行法師の歌で最も有名なのは、

願わくは　花の下にて　春死なん　そのきさらぎの　望月の頃

であろう。西行が六十代の中ごろに読んだ和歌だそうである。西行は、文治六年二月十六日に七十二歳で没した。十六日は、ほぼ満月（望月）である。正に「望月の頃」に亡くなった。そして二月、「きさらぎ」（如月）と、予言的中である。えっ、二月では未だ桜は咲いていないではないか、花の下では死ねないではないか、この「花」は桜ではないのか、などと野暮なことはいわないで欲しい。文治六年の二月十六日は、西暦一一九〇年三月三十一日である。正に桜が満開の時季である。なお、桜は桜でも、ソメイヨシノ（染井吉野）ではない。なぜならこのころにはまだソメイヨシノはなかった。ソメイヨシノは、諸説あるが、江戸中期から末期にエドヒガンザクラとオオシマザクラとの交配により作られた品種である。そしてソメイヨシノは全て一本の木から作られたクローンなのである。

ちなみに歴史書は皆、和暦で書かれている。西暦に換算してあると思ってはいけない。西暦と和暦を併記してある場合には注意が必要である。なぜなら、多くが「年」は西暦で表記しても、「月日」は和暦だからである。「月日」も西暦に換算していると思っている人も多いのではなか

ろうか。忠臣蔵の討ち入りは、元禄十五年十二月十四日である。これを元禄十五年は一七〇二年だからといって元禄十五（一七〇二）年十二月十四日と書くのは間違いである。なぜか。元禄十五年は、討ち入りの一カ月前の十一月十四日から西暦一七〇三年一月一日になるからである。つまり討ち入りの十二月十四日はすでに一七〇三年一月三十日なのだ。

なお、この赤穂事件を題材とした仮名手本忠臣蔵が、竹本座で人形浄瑠璃として初演されたのは、寛延元年八月十四日である。この年は西暦では一七四八年九月六日である。赤穂事件の発端である江戸城での刃傷《にんじょう》事件の日、元禄十四年三月十四日（一七〇一年四月二十一日）から四十七年目である。刃傷事件・討ち入り・浄瑠璃初演が「十四日」というのも奇縁であるが、浄瑠璃初演が刃傷事件から「四十七」年目というのもまた奇縁である。

もう一つ幕末史の大事件「桜田門外の変」は安政七年三月三日で、この日は季節外れの雪模様であった。というと、三月三日にはまだ雪は降る、季節外れでもない、と思われるかも知れないが、これは和暦である。西暦では三月二十四日である。もう桜の季節であるから、やはり雪は季節外れであった。

なぜ和暦・西暦にこだわるのか。幕末史を調べていると、ややこしくなるからである。両者の間には一カ月ほどのズレがある。英国公文書などはもちろん西暦であるが、日本の歴史書は全て和暦である。例えば江戸城明け渡しは四月十一日であるが、西暦では五月三日である。

英国公使館の通訳アーネスト・サトウは、あまりに日本に慣れ過ぎたせいか、その著書『一外交官の見た明治維新』で、「May」と書くべきところを「April」と一カ月書き間違えてしまった。

さて勝海舟の話に戻るが、勝は西行を「高士」と讃え、憧れをもって語っている。「高士」とは「世間に有りがちな、他を押しのけてでもいい地位に就こうとするところが全く無く、人格の高潔な人。（狭義では、世間から隠れ住む人を指す）」（『新明解』）とある。『氷川清話』を読むと、勝はこの真逆の生き方をしてきた人物のように思える。それは勝自身が一番よく知っているのではないか。だからこそ西行のような生き方に憧れを持ってこのように語ったのではなかろうか。

しかしその勝も最後は達観したのであろうか、洗足池畔の墓石には爵位も事績も何も書かず、単に「海舟」とのみ刻んだ。

あとがき

本書を書くに当たり、『氷川清話』を熟読して浮かび上がってきたのは、一般に知られている勝海舟とは大分違ったイメージである。今まで思い描いていた勝がかなり虚像であることが分かってきた。それはもちろん勝自身が、ホラを吹いたり、わずかなことを針小棒大に語ったりしているのであるが、『氷川清話』の編者である吉本襄氏が創作している部分も多分にある。勝のホラか吉本氏の捏造かの判別は難しいが、松浦玲氏もそのような指摘をしている。さらにもう一つの放談『海舟座談』とその編者巌本善治氏についても同様のことがいえる。

もっと困るのは、現代の学者などが、惚れた欲目か痘痕も靨か、勝を英雄・偉人に仕立て上げてしまっていることである。もちろん勝にそうした面があるのは事実であるから、勝を全否定するつもりは毛頭ない。ただ勝のどこが批判されるべき点で、どこが称賛されるべき点か、またどこが真でどこが虚かは明確にしておかなければならない。早くから幕府の崩壊を見越し、そのために努力した、というなら、それが偉いか否かは主観の問題であるとしても、そのことは真実である。しかし勝は「無血開城」の実現者ではない。だからこれを実現したから偉い、というのは間違いである。

それでは勝は何をしたのか。勝の「功績」と思われるものをピックアップすると、コピペの「海防意見書」提出、ほとんど船室で寝たきりの「咸臨丸」渡米、わずか十カ月で閉鎖の「神戸海軍操練所」設立だけである。いずれも歴史に残るほどの功績ではない。その他はほとんど失敗か空振りのネゴ役だけである。

勝がホラ吹きであることは周知の事実であるが、ここに松浦玲氏の批評を引用しておく。

「ここまでの記述で何度も触れたように、麟太郎・勝安房・海舟は嘘を書き残すのである。ただし、それが嘘であることを見破られないように万全を期する、というところまではやらない。その心得を持って見れば簡単に見破られるような嘘が多い」

つまり勝が偉人というのは、本人のホラ、周囲の盛付けによって作り上げられた虚像なのである。

ところが世間に流布している勝の人物像はこのようなものではない。むしろ正反対である。誰もアクセサリーを取り、ヘアピースを外し、付けマツゲを剥がし、メイクを落とした素顔の勝海舟を見ようとはしない。実に不思議でおかしいのである。『氷川清話』「無血開城」の考察を通してつくづく思うのは、どこかおかしいと感じたことは、やはりおかしいということであった。勝海舟研究者は鉄舟にはほとんど言及しない。鉄舟研究者も鉄舟のことは語るが、勝との比較・対比はほとんどしない。そのこと自体もおかしいのである。そこに敢えてこだわって『氷川清話』をベースに、勝海舟の人物・功績、江戸無血開城の真実について自分なりに徹底的に追究してみた。ともかく書いてあることを疑って、史料に基づき検証してみた。疑問に思ったことは史料にどう書いてあるか。それを裏付ける史料はあるのか。さらにその史料は信憑性があるのか。疑わしい場合はそれを補強する別の独立した史料はあるのか。ともかく史料がどう語っているかにこだわった。

するとと様々なことが分かってきた。

○まず世の中には「俗説」が定着しており、学者などの識者までがその俗説に染まってしまっている。
○史料そのものが間違っていたり、それを正しく読んでいなかったりする。
○史料を間違えて解釈したものを引用して、誤りを増幅している。
○因果関係のないものを何の根拠もなく安易に結び付けてしまうケースが実に多い。
○都合の悪い史料は無視したり過小評価したりする。
○ある事柄、ある人物を引き立たせるために脚色し、盛り付ける。
○間違いと分かっても今さら直せず、立場上、もしくは面倒で放置してある。

このようなことが数え切れないほどごろごろしている。例えば、最近のY新聞の次のような記事である。

駿府での西郷と鉄舟の談判について、鉄舟を研究する山本紀久雄氏に話を聞き、

「戦争回避の方向は西郷と鉄舟の面談で固まった」

とせっかく書いておきながら、

「勝の回顧録『氷川清話』によると、西郷は『いろいろむつかしい議論もありましょうが、私が一身にかけてお引き受けします』と述べたという。『西郷のこの一言で、江戸百万の生霊（人民）も、その生命と財産とを保つことができ、また徳川氏もその滅亡を免れたのだ』と勝は振り返った」

と記してしまっているのだ。結局『氷川清話』が「無血開城」のバイブルになって、その呪縛から逃れられずにいるのである。『氷川清話』は放談であって史料ではないのだ。

では、誤りを見つけたらどうするか。それは正すしかない。そう、間違いは正さなければならない。「過ちては則ち改むるに憚《はばか》ること勿《なか》れ」とは孔子の教えである。

実は静岡市にある「西郷山岡会見之史跡」の説明文が、歴史ファンの努力が実り、静岡市教育委員会により平成二十九年（二〇一七）九月に改訂された。従来は「勝海舟の命を受けた幕臣山岡鉄太郎」であったが、「徳川慶喜の命を受けた」と正されたのである。

平成三十年（二〇一八）は、明治一五〇年に当たる。それは取りも直さず「江戸無血開城」

一五〇年でもある。この節目の年を迎え、これがいかにして実現したかを究明した。この明治一五〇年を記念し、様々な企画が催されるであろうが、そこで「俗説」が益々に固定化されてしまうことを恐れる。誤りは今、正しておかないと、次のチャンスは明治二〇〇年と、五十年先になってしまう。いかに長寿社会になったからといっても、もう五十年は生きられそうもない。生きている今、市井《しせい》の一研究者として一石を投じておきたい。

本書出版につきましては、山本紀久雄氏はもとより、多くの方々から貴重なご助言を頂きました。また英国公文書や漢文の読解、その他幕末・維新の情報につき相原正和氏、小林裕氏、山田修康氏に大変なご助力を頂きました。ここにご協力頂いた皆様に、心より感謝申し上げます。

主な参考文献

【勝海舟関係】

・氷川清話　勝部真長編（角川文庫）
・新訂―海舟座談　巌本善治編（岩波文庫）
・勝海舟　勝部真長（ＰＨＰ研究所）
・勝海舟　松浦玲（筑摩書房）
・勝海舟　松浦玲（中公新書）
・勝海舟―維新前夜の群像3　田中惣五郎（千倉書房）
・勝海舟　石井孝（吉川弘文館）
・勝海舟全集1―幕末日記　江藤淳編（講談社）
・勝海舟全集2―書簡と建言　江藤淳編（講談社）
・勝海舟全集20―海舟語録　江藤淳編（講談社）
・亡友帖・清譚と逸話　勝海舟（原書房）
・勝海舟全集14　江藤淳・勝部真長編（勁草書房）
・海舟余波―わが読史余滴　江藤淳（文春文庫）
・勝海舟―行蔵は我にあり　加来耕三（日本実業出版社）

・勝海舟　高野澄（文藝春秋）
・勝海舟（第5巻）――江戸開城　子母澤寛（新潮文庫）
・勝海舟　村上元三（学陽書店）
・勝海舟――私に帰せず　津本陽（潮出版社）
・勝海舟と明治維新の舞台裏　星亮一（静山社文庫）
・勝海舟と幕末外交　上垣外憲一（中公新書）
・新編――氷川清話　高野澄（ＰＨＰ研究所）

【山岡鉄舟関係】

・おれの師匠　小倉鉄樹（島津書房）
・山岡鉄舟の一生　牛山栄治（春風館）
・鉄舟居士の真面目　圓山牧田編（全生庵）
・山岡鉄舟　大森曹玄（春秋社）
・山岡鉄舟――幕末・維新の仕事人　佐藤寛（光文社新書）
・山岡鉄舟の武士道　勝部真長（角川ソフィア文庫）
・幕末の三舟　松本健一（講談社）
・山岡鉄舟　南條範夫（文春文庫）

・春風を斬る　神渡良平（ＰＨＰ研究所）

・山岡鉄舟―空白の二日間　若杉昌敬

・鉄舟―春風を斬る　小島英熙（日本経済新聞社・新聞連載）

・山岡鉄舟　小島英熙（日本経済新聞社）

・定本―山岡鉄舟　牛山栄治（新人物往来社）

・山岡鉄舟―春風館道場の人々　牛山栄治（新人物往来社）

・山岡鉄太郎　坂下正明（関西学院高等部、論叢第56号）

【西郷隆盛関係】

・西郷南洲遺訓　山田済斎編（岩波文庫）

・西郷隆盛　田中惣五郎（吉川弘文館）

・西郷と大久保　海音寺潮五郎（新潮文庫）

・西郷隆盛―歴史群像シリーズ16　学研

・西郷どんとよばれた男　原口泉（ＮＨＫ出版）

【英国公使館資料】

・Japan Correspondence　Vol 92 FO 46 (269)(270)(272)　請求番号 Ca4 01.9　269, 270, 272

・Hammond Papers　文書7　35　Fo391/14　2の2
・Satow Papers : Diaries 1861～1926　請求番号 Ca4 01.1　6
以上、横浜開港資料館より

【その他】

・一外交官の見た明治維新　アーネスト・サトウ（岩波文庫）
・A Diplomat In Japan　Ernest Mason Satow（シーレー・サービス会社）
・江戸開城—遠い崖7　萩原延壽（朝日文庫）
・江戸開城　海音寺潮五郎（新潮文庫）
・徳川慶喜公伝　渋沢栄一（東洋文庫）
・徳川慶喜—静岡の30年　前林孝一良（静岡新聞社）
・高橋泥舟先生詩歌　高橋泥舟著、小林二郎編
・高橋泥舟　岩下哲典（教育評論社）
・江城攻撃中止始末　渡辺清（史談会速記録、第68輯）
・有栖川熾仁親王　佐藤元英監修（ゆまに書房）
・戊辰日記　松平慶永、日本史籍協会編（東京大学出版会）
・江戸町触集成（第十九巻）　近世史料研究会編（塙書房）

・戊辰戦争論　石井孝（吉川弘文館）
・明治維新の舞台裏　石井孝（岩波新書）
・大久保利通　毛利敏彦（中公新書）
・大久保利通日記　大久保利通、日本史籍協会編（北泉社）
・小栗上野介の生涯　坂本藤良（講談社）
・小栗上野介忠順と幕末維新　高橋敏（岩波書店）
・軍艦奉行木村摂津守　土居良三（中公新書）
・オールコックの江戸　佐野真由子（中公新書）
・天皇の世紀8―江戸攻め　大佛次郎（朝日新聞社）
・幕臣列伝　綱淵謙錠（中央公論社）
・幕末閣僚伝　徳永真一郎（ＰＨＰ文庫）
・最後の幕臣―小説大久保一翁　野村敏雄（ＰＨＰ研究所）
・「司馬遼太郎」で学ぶ日本史　磯田道史（ＮＨＫ出版新書）
・大東亜戦争とスターリンの謀略　三田村武夫（自由社）
・お言葉ですが…7　高島俊男（文春文庫）

本文ＤＴＰ・デザイン／株式会社テイク・ワン

勝海舟の罠　氷川清話の呪縛、西郷会談の真実

第一刷発行――二〇一八年四月　一日
第三刷発行――二〇一八年四月三〇日

著者――水野靖夫
編集人――祖山大
発行人――松藤竹二郎
発行所――株式会社 毎日ワンズ
〒一〇一－〇〇六一
東京都千代田区三崎町三－一〇－二一
電　話　〇三－五二一一－〇〇八九
FAX　〇三－六六九一－六六八四
http://mainichiwanz.com

印刷製本――株式会社 シナノ

ISBN 978-4-901622-98-1